DAS NEUE TOR ZUR WELT
Vierzig Jahre Container im Hamburger Hafen

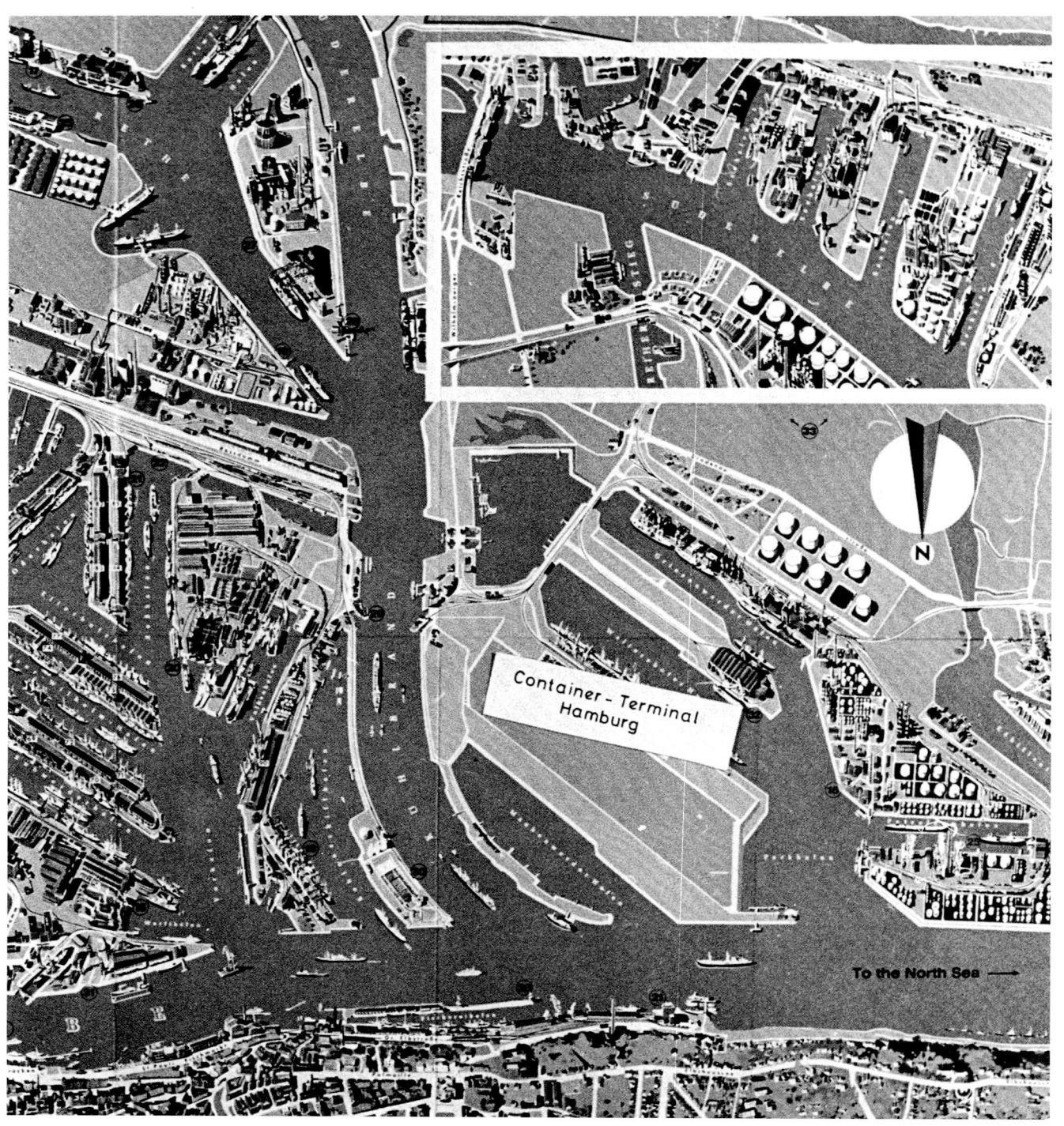

REIMER EILERS

Das neue Tor zur Welt
Vierzig Jahre Container im Hamburger Hafen

INHALT

EINE KISTE GEHT AUF KURS:
DER WEG INS CONTAINERZEITALTER — 13

DIE MENSCHEN HINTER DEN KISTEN:
15 PORTRÄTS AUS DEM HAMBURGER HAFEN — 29

WEISS, WIE CONTAINER TICKEN: *Brückenfahrer Georg Erven* — 30

HOLTE DEN CONTAINER NACH HAMBURG:
Senator a. D. Helmuth Kern — 36

JONGLIERT MIT KNACKEN UND CONTAINERN:
Lasch-Vize Holger Keil — 46

AUF TUCHFÜHLUNG MIT DER REEDERKUNDSCHAFT:
Gerd Drossel von der HHLA — 52

KLEINER KLAPS FÜR DEN KAPITÄN: *Hafenlotse Jürgen Wiese* — 58

SCHWIMMKRÄNE, ELEFANTEN UND STAUPLÄNE:
Disponent Wolfgang Hartmann — 64

DER KAPITÄN AUF DEM TERMINAL: *Clemens Raabe* — 70

DER MEISTERDREHER: *Siegfried Fenger* — 76

LEITER DER LEERE:
Stephan Biehl managt das Leercontainerlager — 82

EIN LEBEN FÜR DAS HINTERLAND:
Spediteur Jürgen Kunigk — 88

DER ENGEL VON DER KAIKANTE: *Hafenarbeiter Peter Wagner* — 94

DIENST IM KESSEL: *Zöllner Wolfgang Böhring* — 100

DER KOMMUNIKATOR: *Gerhard Angerer* — 106

EIN SCHIFF WIRD KOMMEN: *Hafenplaner Wolfgang Hurtienne* — 112

SEIN FELD IST DIE WELT: *Adolf Adrion von Hapag-Lloyd* — 120

Klassische Infrastruktur des Hamburger Hafens zum Umschlag von Stückgut am Baakenhafen/Petersenkai vor dem Zweiten Weltkrieg. In den fünfziger Jahren wurden die Kaianlagen zunächst in der alten Form wieder aufgebaut. Schmale Fingerpiers, die eine klare, eng auf einander bezogene Gliederung besitzen: Kaikante, Eisenbahnschienen, Rampe, Schuppen. Auf der anderen Seite des Schuppens, in Höhe der Rampe, erfolgt die LKW-Abfertigung.

Waltershof 1929: Weltwirtschaftskrise, Wartesaal und Wirsingkohl. Ausbau der Anlage Burchardkai. Nur zwei Jahre später, als das neue Bauwerk fertiggestellt war, traf die Weltwirtschaftskrise die Schifffahrt und den Hamburger Hafen mit voller Wucht. In den Schrebergärten um den Waltershofer und den Griesenwärder Hafen herrschte mehr Betrieb als an den Kais. Die Hafenarbeiter hatten viel Zeit, sich um ihren Wirsingkohl zu kümmern. Niemand konnte damals wissen, dass diese Kaizunge einmal entscheidend für die Zukunft des gesamten Hafens sein würde.

Container Terminal Burchardkai 1971: Noch prägen Packhallen und Kleingärten statt Containerlagern das Bild des künftigen Terminals. Der See neben den Schrebergärten ist bereits verschwunden. Am (freien) Liegeplatz 3 wurde 1968 das erste Vollcontainerschiff in Hamburg abgefertigt. Im kleinen nordöstlichen Hafenbecken erkennbar: Segmente des künftigen Elbtunnels, die später im Fluss abgesenkt werden.

CTB 1980: Der Terminal gehört zum großen Dutzend, zum exklusiven Club der 10 bis 12 größten Containerterminals der Welt. Im Jahr werden rund 400.000 Standardcontainer bewegt, 1.600 Schiffe – vom 499 BRT großen Zubringerschiff (Feeder) bis zum 60.000 BRT großen Übersee-Containerschiff der dritten Generation. 10 Containerbrücken, 3 Transtainerbrücken, 39 Van-Carrier und 275 Gabelstapler sorgen für minutiöse Abfertigung. Autobahn und Gleisanlagen bezeugen die hervorragende landseitige Anbindung des CTB. Auffällig: sieben große Packhallen, die auf einen hohen Anteil von Port-Port-Containern hindeuten. In der Gegenwart ist davon nur eine halbe Halle übrig geblieben.

Feederschiff »Buxtehude« vor der Köhlbrandbrücke. Feeder werden die Zubringerschiffe genannt, die als Bindeglied zwischen dem interkontinentalen Transport und den regionalen Häfen bis hinauf nach Stockholm und St. Petersburg fungieren. Die Köhlbrandbrücke mit einer maximalen Höhe von 53 Metern über dem mittleren Tidehochwasser verbindet das Gebiet zwischen Norder- und Süderelbe mit der Autobahn A7 und ermöglicht Hafenumfuhren in großem Stil, die mit der früheren Fähre über den Köhlbrand nur beschränkt möglich waren. Da künftige Generationen von Großcontainerschiffen, die den Terminal Altenwerder anlaufen, immer größer werden, gibt es langfristige Überlegungen für einen 20 Meter höheren Neubau.

Großcontainerschiff »Medea« auf der Außenelbe. Die »Medea« (Baujahr 2006) fährt für den neuen Gemeinschaftsdienst der China Shipping Container Lines (CSCL) und der französischen CMA CGM nach Fernost. Mit einem Fassungsvermögen von 9.415 TEU (Standardcontainern) gehört der Tragriese zu den größeren Einheiten, die aktuell den Hamburger Hafen anlaufen. Dabei ist die Fahrt der »Medea« auf der Elbe von einem durch die Tide bestimmten Zeitfenster abhängig. Die Flut befördert gewaltige Wassermassen elbaufwärts, in jeder Sekunde ist es das vielfache Volumen der Binnenalster.

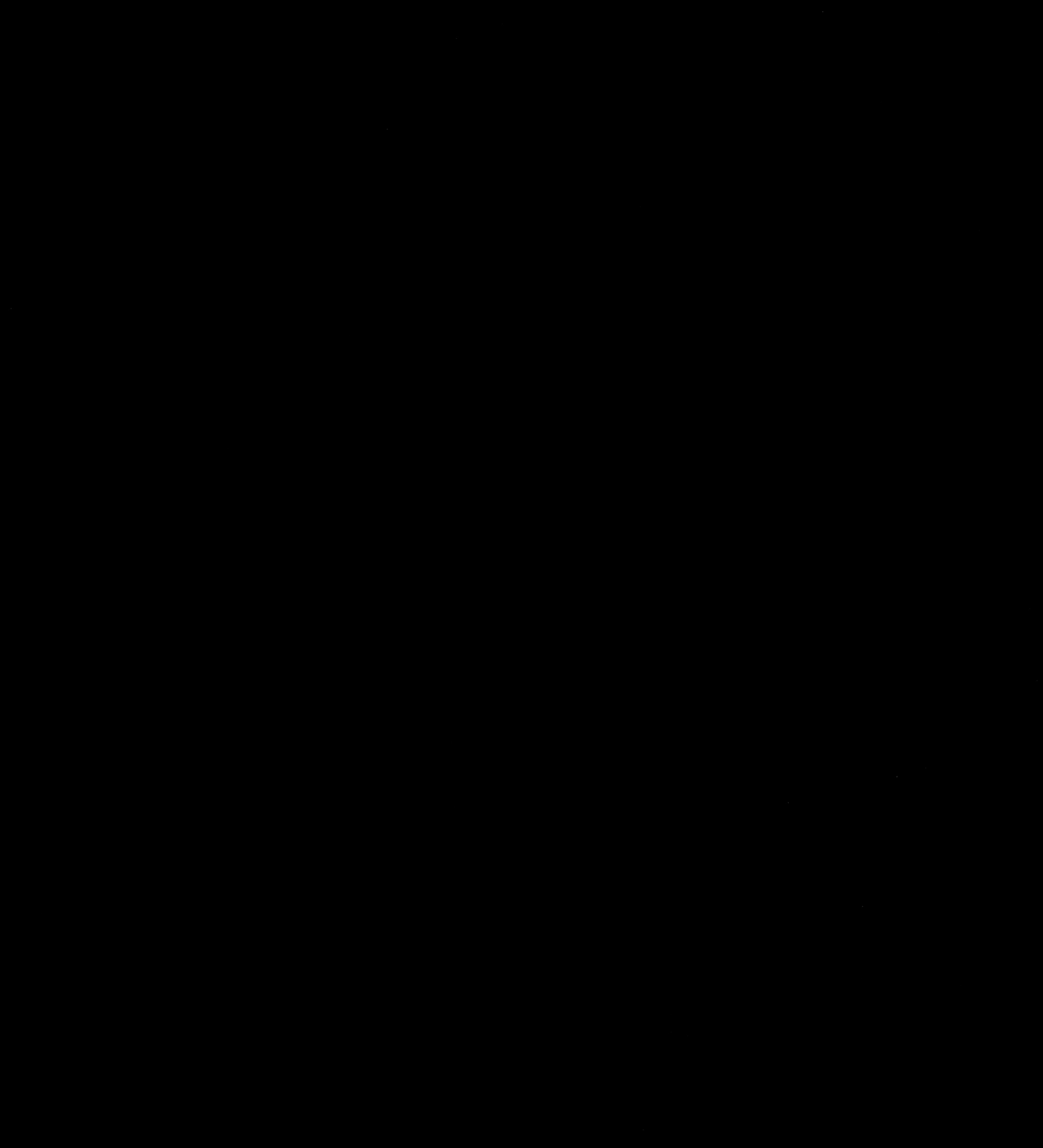

EINE KISTE GEHT AUF KURS:
DER WEG INS CONTAINERZEITALTER

DAS ERSTE VOLLCONTAINERSCHIFF AUF DER ELBE

Am Vormittag des 31. Mai 1968 erreicht die *American Lancer* bei auflaufender Tide den Hamburger Hafen. Zwei Schlepper dirigieren das 213 Meter lange Schiff der United States Lines zum Burchardkai, wo es seine Ladung löschen soll. An diesem Tag müssen die Hafenarbeiter der HHLA, der Hamburger Hafen und Lagerhaus AG, allerdings noch warten, bis sie ihrer Arbeit nachgehen können. Vertreter der Hafenwirtschaft, der Spediteure, der Reedereien und der Hamburger Politik haben sich eingefunden, um der Ankunft des Frachters beizuwohnen. Es ist ein geschichtsträchtiger Anlass, denn die *American Lancer* ist das erste Vollcontainerschiff in einem Liniendienst auf der Elbe. Mit ihrem Einlaufen beginnt im Hamburger Hafen das Zeitalter des Containers.

Wirtschaftssenator Helmuth Kern hält eine festliche Ansprache. Dass diese um einiges ausführlicher gerät als geplant, hat einen ganz praktischen Grund: Da das große Schiff die Flut nicht perfekt abgepasst hat, braucht es noch einen weiteren Meter Wasser unter dem Kiel, bevor es endgültig am Liegeplatz 3 des Terminals festmachen kann. Der Senator rettet die Situation, indem er, in freier Improvisation, so lange zu den rund hundert geladenen Gästen spricht, bis die Gezeiten ihr Werk vollbracht haben.

Wer an diesem Vormittag keine Muße hat, den Ansprachen zu lauschen, ist Kapitän Clemens Raabe, der Terminalchef. Als Verantwortlicher für den Burchardkai befindet er sich zu diesem kritischen Zeitpunkt an Bord der *American Lancer*. Er muss sicherstellen, dass die neue Umschlagtechnik, die heute getestet werden soll, hält, was sie verspricht. Denn am Ende zählt keine Rede und keine Feier, sondern nur eins: Die Container müssen ohne große Reibungsverluste auf den Kai gesetzt und die Hamburger Boxen im Gegenzug geladen werden.

Am Liegeplatz 3 des Burchardkais hat die HHLA, die seit ihrer Namensaktualisierung im Jahr 2005 Hamburger Hafen und Logistik AG heißt, im Herbst 1967 eine erste Containerbrücke aufstellen lassen – das ist eine Revolution im Hafen. Bis zu diesem Zeitpunkt hatte man auf unterschiedliche Weise improvisiert, um die Container umzuschlagen. Eine gängige Methode war zum Beispiel gewesen, zwei der großen 25-Tonnen-Kräne zusammenzukoppeln und statt der beiden Haken eine Kugel in die Mitte zu hängen. Diese war der sogenannte Alte Mann und diente dazu, die Zugkräfte auszugleichen. Am »Alten Mann« war der *spreader* (dt. Spreizer) befestigt, eine Art Greifarm, mit dem der Container von beiden Kränen zusammen aufgenommen wurde. Wenn man die neu angelernten Leute an der Kaikante testen wollte – im Hafenjargon die »Kaitorten« –, dann hieß es von den gestandenen Dockern: »Hol mir mal 'nen alten Mann!« Glücklich der Neuling, der wusste, was zu tun ist…

Im Frühjahr 1968, als die *American Lancer* einläuft, ist an der Containerbrücke auf dem Burchardkai noch der frische Schutzanstrich aus Mennige zu sehen, ein leuchtendes Rot, das Optimismus auszustrahlen scheint. Das volle Vertrauen muss sich die neue Lösch-Lade-Technik jedoch erst noch erwerben, auch sie ist zunächst erst einmal eine Art maschineller »Kaitorte«.

Terminalchef Raabe hat für die Premiere vorsorglich einen Schwimmkran als bewährte Alternative für den Containerumschlag angefordert. So liegt nun Kapitän Walter Jockel mit dem SK 4 draußen im Hafen Waltershof und ist bereit für einen kurzfristigen Einsatz. Nummer 4 ist mit Abstand der größte HHLA-Schwimmkran. Bei seiner Verwendung geht es nicht in erster Linie um die Tragfähigkeit (die gewaltige 200 Tonnen beträgt), sondern um die Auslage des Krans. Sie muss weit genug sein, da er die Container gegebenenfalls über das Schiff hinwegzuheben hat, um sie auf dem Kai abzusetzen.

Nachdem die Schlussworte des Senators verklungen sind, klettert der Brückenführer in seine Kabine. Die Zuschauer auf dem Kai jubeln, als sich die Container bewegen. Eine aluminiumgrau glänzende Box stoppt hoch in der Luft, schaukelt hin und her, und der Beifall erreicht einen Höhepunkt. Selbstverständlich denken die Leute, dies sei für sie inszeniert, in der Weise, wie ein Flugzeug am Himmel zur Begrüßung mit den Flügelspitzen wackelt. Die Wahrheit ist zwar prosaischer, tut aber der Stimmung keinen Abbruch: Im Starkstromkreis der Containerbrücke hat es zum Start prompt eine Überlast gegeben, und die Sicherungen sind herausgesprungen.

Immerhin 6.000 Volt speisen die Kabel in die AEG-Motoren der Brücke ein. Das Fahrwerk wird mit Wechselstrom betrieben, während Stromrichter (Thyristoren) einen Gleichstromantrieb für das Heben und die Handhabung der Laufkatze (bewegliches Kranbauteil, das der Beförderung von Lasten dient) ermöglichen. Mithilfe der neuen Containerbrücken-Technik und von viel Handarbeit werden schließlich 272 Stahlboxen der *American Lancer* in eineinhalb Tagen gelöscht und 375 für die USA übernommen. Der SK 4 braucht dabei nicht ein Mal in Aktion zu treten – die neue Containerbrücke hält, was sie versprochen hat.

Auf einem anderen Blatt ließe sich vermerken, dass die gleiche Menge an Containern heutzutage in rund fünf Stunden umgeschlagen wird, doch die Details der Statistik verblassen vor einer schlichten Feststellung: Zum ersten Mal in ihrer Geschichte hat die HHLA am Burchardkai alle Kompromisse hinter sich gelassen; durch das Zusammenspiel eines spezialisierten Schiffes und einer darauf zugeschnittenen Ladevorrichtung hat sie die Löschtechnik von Containern im Hamburger Hafen revolutioniert und damit den Grundstein für eine große Erfolgsgeschichte gelegt.

Von diesem Beginn, von den technischen Herausforderungen und von den Menschen, die hinter dem märchenhaften Aufstieg des Hamburger Hafens im Containerzeitalter stehen, handelt die folgende Geschichte.

STEIGERUNG DES UMSCHLAGS – HOCHSTAPELN AN LAND

Die Entwicklung des Containerverkehrs verlief rasant, geradezu atemberaubend. In Westeuropa, speziell in den Häfen Hamburg, Bremen und Rotterdam, lagen die Steigerungsraten vom Ende der sechziger bis Mitte der siebziger Jahre im hohen zweistelligen Bereich. Die gleichen Wachstumsraten wies die HHLA beim Umschlag am Kai auf. Pro Stunde betrug die Umschlagleistung der mennigeroten Brücke am Burchardkai bei der ersten Abfertigung durchschnittlich rund 24 Container, das entspricht 240 Tonnen Stückgut. Damit hatte sich der Stückgutumschlag plötzlich auf die fünfzehnfache Leistung pro Hafenarbeiter und Stunde gesteigert! Noch im selben Jahr verdoppelten sich dort die Kapazitäten für den Containerumschlag und am 9. November 1968 machte das Hapag-Schiff *Elbe Express* als erstes Vollcontainerschiff mit Heimathafen Hamburg am Liegeplatz 3 fest.

So staunenswert die explodierende Produktivität im Anfang war, ihren Zenit hatte sie noch längst nicht erreicht. Bis Ende der siebziger Jahre steigerte sich die Umschlagleistung pro Kopf auf das Vierzigfache dessen, was zuvor im konventionellen Stückgutumschlag bewältigt worden war. Aus heutiger Sicht – kaum vorstellbar – sind selbst diese Rekorde ein bisschen lachhaft, denn was zwei Hafenarbeiter früher in einer vollen Schicht von acht Stunden löschen oder laden konnten, bewegt der Brückenfahrer heute im Minutentakt!

Die höhere Tragkraft der neuen Brücke war bereits auf einen *Twin-Lift*-Betrieb ausgerichtet. Der Plan war, in einem Arbeitsgang zwei 20-Fuß-Standardcontainer umzuschlagen. Die wasserseitige Ausladung der Brücke von 36 Metern war bereits auf Schiffe der zweiten und dritten Generation, also auf wesentlich größere Schiffe berechnet; die maximale Brückenhöhe betrug knapp 26 Meter über dem Mittleren Tideniedrigwasser (MTnw). Beide Maße galten seinerzeit in Hafenkreisen als gigantisch hoch, doch nur wenige Jahre darauf entsprach diese Brücke nicht mehr dem *state of the art* und wurde nach Malta verkauft.

Vierzig Jahre später, im Jahr 2008, brachte das chinesische Spezialschiff *Zhen Hua No. 17* die erste von insgesamt fünf *Twin-Forty*-Containerbrücken auf den Terminal Burchardkai. Neben Tee und Turnschuhen kommt mittlerweile nämlich auch das Hightech-Umschlaggerät für ihren Transport aus China. Jede dieser Tandembrücken hat eine Höhe von 83,5 Metern und eine wasserseitige Auslegerlänge von 67,5 Metern. Im Tandembetrieb, wenn also die Hightech-Brücken zwei 40-Fuß-Container gleichzeitig mit ihren beiden Greifgeräten – den Spreadern – bewegen, können sie bis zu 125 Tonnen Last heben. Nicht nur der Umschlag wuchs also in den Himmel, sondern auch die Brücken am Kai.

Die Entwicklung des Containerverkehrs im Hamburger Hafen verlief allerdings nicht so zielgerichtet und zwangsläufig, wie man im Nachhinein vermuten könnte. Bezeichnend ist eine Feststellung aus dem *Handbuch für Hafenbau und Umschlagtechnik* von 1972. Dort findet sich unter der Überschrift »Modernisierung der Umschlagsanlage im Kaiser-Wilhelm-Hafen – Hapag-Lloyd paßt sich der Verkehrsentwicklung an« kein Wort zum Container. Kein Fachmann am Kai und in den Reedereien hat vorhergesehen, in welchem Ausmaß das quantitative und qualitative Wachstum des neuen Transportmediums erfolgen würde. Selbst Visionäre hätten damals einen Containerisierungsgrad von 97 Prozent, wie ihn der Hamburger Hafen heute erreicht hat, für komplett unmöglich gehalten.

Am 24. Januar 1972 lief die japanische Reederei NYK mit der *Kamakura Maru* den Terminal Burchardkai an und leitete damit für den Hamburger Hafen die Containerisierung des Fahrgebiets Ferner Osten ein, wobei die bedeutenden Destinationen in Fernost vorerst nicht chinesische, sondern japanische Häfen waren. Heute hingegen zählen Schanghai und Hongkong zusammen mit Singapur zu den größten Containerhäfen der Welt.

Um sich die Entwicklung noch einmal in Zahlen zu verdeutlichen: Das Umschlagvolumen wird international einheitlich in Standardcontainern von 20 Fuß Länge angegeben, auf Englisch in TEU (Twenty Foot Equivalent Unit). Auf dem Burchardkai verdoppelte es sich von insgesamt 32.000 TEU 1968 auf 72.000 TEU 1970, erreichte Mitte des Jahrzehnts 226.000 TEU und am Beginn der achtziger Jahre bereits 433.000 TEU. Mit der Konzentration von vier Containerbrücken an einem Schiff der dritten Generation konnte man mittlerweile 120 Boxen per Stunde umschlagen.

Interessant ist in diesem Zusammenhang ein Vergleich des Containerumschlags der HHLA mit dem Gesamtumschlag im Hamburger Hafen und in Bremen/Bremerhaven.

Containerumschlag (TEU) für Bremen/Bremerhaven, Hamburg insgesamt und die HHLA

Jahr	Bremen/Bremerhaven	Hamburg gesamt	HHLA
1974	420.166	294.332	220.802
1978	576.496	600.084	374.795
1983	820.165	930.338	508.477

Um diese Zahlen richtig einordnen zu können, sollte man wissen, dass das US-Militär in der Nachkriegszeit seine Basis für den überseeischen Nachschub an der Weser eingerichtet hatte und außerdem der Container seinen Durchbruch als Medium im internationalen Seetransport mit der Frachtversorgung des US-Militärs während des Vietnamkriegs hatte. Dementsprechend beförderten auch die ersten Container in Deutschland amerikanischen Nachschub über die Häfen an der Weser.

Erst Mitte der siebziger Jahre war es Hamburg dann gelungen, den Konkurrenten Bremen zu überrunden. Die Entwicklung Hamburgs zum führenden deutschen Containerhafen war also durchaus kein Selbstgänger, sie musste in einem harten Wettbewerb erkämpft werden.

Zehn Jahre nach der Ankunft der *American Lancer* stellte HHLA-Vorstand Kurt-Joachim Hencke fest: »Bis auf kleinere

Ergänzungen kann der Ausbau des Burchardkais erstmals als abgeschlossen gelten.« Zugleich machte er jedoch eine Bemerkung, die ahnen ließ, dass weitere Entwicklungen in ungleich größeren Dimensionen folgen würden. Er fügte an: »Das Seeschiff nutzt bisher die Möglichkeiten des Containers besser als der Hafen. Beispielsweise werden auf dem Schiff bis zu 13 Container, an Land jedoch nur ein bis zwei übereinandergestaut. Technisch ist auch das Höherstapeln an Land kein Problem.« Zu diesem Zeitpunkt, 1978, betrug der Containerisierungsgrad des Hamburger Hafens gerade einmal 30 Prozent. Hencke prophezeite immerhin schon einen Endstand von 70 bis 80 Prozent für Hamburg.

Heutzutage stapeln moderne Terminals »4-hoch«, wie die Hafenleute sagen, also vier Container übereinander. Das ist weltweit der Stand der Technik. Auf dem Terminal Altenwerder, wo Transport und Lagerung funktionell getrennt sind, stapeln Portalkräne heute im Blocklager bis 5-hoch und auf dem Container Terminal Burchardkai wird diese Technik so weiterentwickelt, dass sogar bis zu 6-hoch gestapelt werden kann. Die Prognose des einstigen Vorstands Hencke hat sich also voll und ganz bewahrheitet.

EINE KISTE WIRD NORMIERT UND TRANSPORTIERT

Die Container der *American Lancer* aus dem Jahr 1968 waren metallicgraue Kisten mit einem schwarzen Schriftzug auf weißem Grund: *USL*. Sie bestanden aus einem stabilen Stahlrahmen und waren an den Seiten mit leichten Aluminium-Platten verkleidet. Andere Containertypen fabrizierte man aus Stahlblech oder einer Kombination von Blech und Sperrholz, im Containergeschäft als *plywood* bekannt. Jenseits dieser Unterschiede war aber eine Sache immer gleich und hat sich auch bis heute nicht verändert: die Box als solche. Bereits zwischen 1961 und 1964 hatte die ISO, die Internationale Organisation für Normung, ihre wesentlichen Merkmale weltweit festgeschrieben. Demnach sind Container nach ISO 668 genormte Großraumbehälter, mit denen das Verladen, Befördern, Lagern und Entladen von Gütern betrieben wird. Sie bestehen aus Boden- und Dachrahmen, je einer Stirn- und Türseite und in den vier Ecksäulen befinden sich *corner castings*, Eckbeschläge, die der sicheren Befestigung des Containers dienen. Diese werden mit den *twistlocks* (speziellen Verriegelungen) verbunden. Auf See ist es ein grundlegender Unterschied, ob sich ein Container über oder unter Deck befindet. Unter Deck gibt es *cell guides*, Leitschienen, welche die Container aufnehmen und in Position halten. Hier braucht man keine Twistlocks, denn *innerhalb* einer Zelle erübrigen sich weitere Befestigungsmaßnahmen. An Deck eines Containerschiffes befinden sich dagegen spezielle Aufnahmepunkte. Wenn die Containerbrücke eine Box am Kai anhebt, hängt der Lascher seine Befestigungen – Twistlocks – in die vier Corner-Castings. Die Kunst des Brückenfahrens besteht darin, den Container anschließend exakt in die Aufnahmepunkte an Deck zu setzen. Dann verriegeln sich die Twistlocks automatisch und der Container sitzt, salopp gesagt, bombenfest. Die weiteren Container, die an Deck bis zu 9-hoch gestaut werden können, werden über Twistlocks und zusätzliche Laschstangen stabilisiert.

Die Stabilität eines Containers hat im Wesentlichen mit der Stahlqualität seines Rahmens zu tun. Minderwertige Sorten halten Spitzenbelastungen, etwa bei starkem Seegang, nicht aus und stauchen. Im Hafen spricht man dann von »Aldi-Stahl«.

Durchgesetzt haben sich bei der internationalen Normierung der Container zwei Größen, der 20-Fuß- und der 40-Fuß-

Container. Der 20-Fuß-Variante kommt dabei eine besondere Bedeutung zu, weil sie weltweit als Maßeinheit (TEU) zur einheitlichen Zählung von Containern verwendet wird. Dieser 20-Fuß-Container ist umgerechnet 6,1 Meter lang, 2,44 Meter breit, 2,59 Meter hoch und hat ein Leergewicht von 2.300 Kilogramm.

Sein bekanntester Vater ist der amerikanische Trucker und Spediteur Malcom McLean. Es heißt, die zündende Idee dafür sei McLean gekommen, als er ein Päckchen Zigaretten aus einem Automaten zog. Tatsächlich arbeitete er bereits seit den dreißiger Jahren an der Entwicklung einer genormten Transportbox. Die sauber verpackten Glimmstängel im Automaten sollen ihm dann den entscheidenden Einfall für die Übertragung auf die Praxis des Seetransports geliefert haben: das Schiff als vergrößerte Ausgabe des Zigarettenautomaten mit Leitschienen unter Deck, in denen die Container rationell gestapelt werden konnten. Das erste Zellencontainerschiff McLeans nahm 1960 seinen Dienst auf. Es dauerte knapp ein Jahrzehnt, seine Idee durchzusetzen, doch dann breitete sich die neue Beförderungstechnik wie ein Flächenbrand im interkontinentalen Transportgewerbe aus.

Muss man eigentlich so viel Wind um die Erfindung des Containers machen? Container heißt wörtlich übersetzt ja schlicht Behälter. Und etwas zum besseren Transport in Kisten zu verpacken ist als Technik in der Seefahrt nun wirklich schon lange bekannt. Statt Säcken, Beuteln oder Koffern besaßen die Seeleute von jeher Kisten, in denen sie ihr Hab und Gut über die Meere beförderten.

Wer sich über die geschichtlichen Vorläufer unserer heutigen Container informieren und verstehen will, warum die Normierung dieser Kisten so eine Bedeutung hat, findet Antwort bei der HHLA. Von ihrer Hauptverwaltung bei St. Annen aus, einem architektonischen Juwel mitten in der historischen Speicherstadt, blickt der Besucher auf ein Fleet und weiter auf ein luftiges »Ballett von Baukränen« unter sommerlichen Schönwetterwolken. Dort draußen entsteht die künftige HafenCity, die auch die Speicherstadt verändert. Heute fahren auf den Fleeten rund um die Speicherstadt fast nur noch Barkassen mit Touristen; ursprünglich waren die tideabhängigen Kanäle für die Beförderung der Waren zwischen Speichern und Schiffen angelegt. Nicht zuletzt der Container hat diese Funktion fast gänzlich obsolet werden lassen.

Ein spannendes Beispiel für einen Hamburger Vorläufer des Containers sind die schon um 1900 von Möbelspediteuren verwendeten genormten Waggonaufbauten für Transporte zwischen Deutschland und Großbritannien. Sie passten auf Fuhrwerk und Bahn, im Hafen wurden sie mit dem Drei-Tonnen-Dampfkran verladen und an Bord wahlweise unter oder an Deck verstaut. Im Seetransport zwischen England, Irland und Frankreich boten Reedereien in den dreißiger Jahren des vergangenen Jahrhunderts bereits genormte Boxen von 10 Fuß Länge als Transportbehälter an.

Diese historische Einordnung mindert jedoch keineswegs das Verdienst Malcom McLeans. Er ist und bleibt der Vater der heutigen Container, wie sie nun millionenfach über alle Meere fahren. Wie mit vielen großen Erfindungen kommt es eben darauf an, das, was allseits sichtbar auf der Hand liegt, auch zu ergreifen und in die Tat umzusetzen.

Wenig beachtet, waren in Hamburg die ersten Container übrigens schon im Jahr 1966 eingetroffen. Herkömmliche Stückgutfrachter hatten sie als zusätzliche Decklast aus Amerika an Bord. Seeleute aus dieser Zeit erinnern sich, wie bei einem Mehrzweckschiff – das erste richtige Containerschiff lief ja erst zwei Jahre später im Hamburger Hafen ein – mit den Containern verfahren wurde: Man schweißte einfach ein paar Schienen auf das Deck, in denen die neuartigen Behälter abgesetzt und für den Transport gesichert werden konnten. Ausgerechnet eine kleine Werft an der Elbe, die Sietas-Werft, darf für sich in Anspruch nehmen, dieses Verfahren, abgestimmt auf den genormten Container, im Schiffsneubau umgesetzt zu haben. McLeans frühe amerikanische Vollcontainerschiffe waren nämlich ihrer Funktion zum Trotz immer noch umgebaute Frachter und Tanker konventioneller Herkunft gewesen.

Eine Frage ist bei all der Beschäftigung mit der Box noch nicht gestellt worden: Was passt an Waren in einen modernen Container? Die Liste der Beispiele ist lang und überaus vielseitig:

drei Traktoren oder zwei PKWs, aber auch ein Raupenbagger oder drei Sportboote lassen sich in einem Container transportieren. Wer lieber höhere Zahlen mag, kann sich 26 Rollen Zeitungspapier, 32 Motorräder, 238 Kühlschränke oder 34.800 Gläser Spargel vorstellen.

Der Besucher verlässt den HHLA-Hauptsitz St. Annen mit der Überlegung, dass es heute trotz Geldentwertung um ein Drittel billiger ist, ein Motorrad von Tokio nach Prag zu transportieren, als vor dreißig Jahren. Das Faszinierende dabei: Die Beförderung von Tokio nach Hamburg kostet ebenso viel wie die Weiterbeförderung auf dem Landweg von Hamburg nach Prag. Ursache ist der Container: Die Zeiten ändern sich, aber er bleibt, wie er ist.

ENTWICKLUNG DER HHLA UND DES HAFENS

Als die *American Lancer* im Mai 1968 Hamburg anlief, war die HHLA (die ursprünglich HFLG hieß) bereits 83 Jahre alt. Der Senat der Hansestadt hatte die Hamburger Freihafen-Lagerhaus-Gesellschaft 1885 gemeinsam mit Hamburger Kaufleuten gegründet, um auch nach der geplanten Eingliederung der Hansestadt ins Deutsche Reich 1888 die Zollfreiheit sicherzustellen. Bis dahin waren die Güter aus dem Überseehandel in Lagerräumen auf das gesamte Stadtgebiet verteilt gewesen. Die HFLG erhielt nun den Auftrag, die Speicherstadt zu bauen und zu betreiben, um dort den internationalen Seegüterverkehr auch weiterhin ohne Zollgrenzen abwickeln zu können. Binnen kürzester Zeit wurde nun auf einer Fläche von insgesamt 630.000 Quadratmetern der damals größte geschlossene Lagerkomplex der Welt gebaut. Zum Glück steht die in neugotischer Backsteinarchitektur errichtete Speicherstadt heute unter Denkmalschutz.

Doch zurück ins Jahr 1935. Damals wurde die profitable HFLG mit der chronisch klammen staatlichen Kaiverwaltung zusammengelegt und es entstand die HHLA, um, wie es hieß, einen »einheitlichen Führungswillen« im Gesamthafen zu gewährleisten. Ziel der Fusion war es, die reibungslose Zusammenarbeit der verschiedenen Hafensparten zu sichern, indem Umschlag und Lagerung kaufmännisch unter einem Dach erfolgten.

Mit der neuen Hamburger Hafenordnung 1970 trat abermals eine weitreichende Änderung für die Struktur und den Status der HHLA ein. Die Gesellschaft verlor ihre bis dahin mehr oder weniger hoheitlich ausgeführten Aufgaben und erhielt die gleichen Rechte und Pflichten wie alle übrigen Hafenbetriebe auch – ein Wirtschaftsunternehmen im Wettbewerb. Künftig lieferte der Staat den Hafen-Untergrund vom Fahrwasser bis zur Kaikante, für die sich anschließende sogenannte Suprastruktur mussten die Unternehmen eigenverantwortlich sorgen. Der Stadt mit ihrem Hafen ging es darum, sich den rasanten technischen und wirtschaftlichen Entwicklungen durch die Containerisierung anzupassen, um im Wettbewerb mit den anderen Häfen auf der europäischen Nordrange bestehen zu können.

HHLA-Vorstandsmitglied Kurt-Joachim Hencke stellte in den siebziger Jahren fest: »Die Vergangenheit zeigt, dass sich Strukturwandlungen, die besondere Hafeninvestitionen auslösen, in Schüben vollzogen.« Das gilt verstärkt für die wirtschaftlichen Revolutionen der Moderne. Großräumige, ja globale Entwicklungen bündeln sich an der Kaikante als der Schnittstelle des Welthandels wie in einem Brennglas. Zugleich gibt es eine ernüchternde Faustregel im Hafen, die besagt: Ein Containerschiff zu bauen braucht zehn Monate, einen Terminal zu bauen braucht zehn Jahre. Im Fall des Terminals Altenwerder vergingen sogar dreißig Jahre von den ersten Vorstellungen bis zur Fertigstellung.

Offenbar ist es den Hanseaten dennoch gelungen, eine Balance zwischen revolutionären Sprüngen, kurzfristigen Reaktionen und längerfristigen Strukturplanungen im Hamburger Hafengebiet zu finden. Heute gehört Hamburg zu den zehn führenden Containerhäfen der Welt. Sechs davon liegen in Fernost, im Rest der Welt liegt allein Rotterdam geringfügig vor dem Elbhafen.

Dabei ging es in dieser Entwicklung nicht allein um den Wandel weg vom Stückgutverkehr. Die Welt des Containers beherbergt zwei ganz verschiedene Völkerschaften, diejenige der Haus-Haus-Container und die der Port-Port-Container. Erstere waren stets auf der Durchreise, sie haben es eilig im Hafen und machen nur kurz im Lager Station, wo sie ungeduldig auf das nächste Feederschiff, den Truck oder den Eisenbahnwaggon warten, der sie endlich ins neue Zuhause bringen soll. Das andere Völkchen breitet im Hafen seinen Hausstand aus und bildet neue Wohngemeinschaften. Zu diesem Zweck unterhielt die HHLA auf dem Terminal Burchardkai zeitweise bis zu sieben Packhallen, in denen die Boxen geleert und die Waren für den Weitertransport an Land zu neuen Stückgutladungen umgepackt wurden. Selbstverständlich wurden für Exportwaren auch Container im Hafen gepackt und dann auf den Seeweg geschickt.

In den Zeiten, als es noch keine maschinenlesbaren Ausweise gab, sortierte die Brückenaufsicht die reisenden Boxen am Kai per Handzeichen. Wurde von der Brücke ein Haus-Haus-Container an Land gehievt, legte die Aufsicht beide Handflächen zu einem Dach zusammen. Das war für den Lenker des Transportfahrzeugs auf dem Terminal, eines sogenannten *Van-Carriers*, das Zeichen, den Container auf einem Stellplatz abzuladen. Handelte es sich um einen Port-Port-Container, ging die Aufsicht in die Knie, breitete die Arme aus und machte das Zeichen des Auspackens. »Allens klor, du groter Kasten!«, ab ging's mit dem Van-Carrier zur Packhalle.

Das Angebot an unterschiedlichen Containern war aus Sicht der Logistik zweifellos attraktiv, doch es braucht nicht viel kaufmännische Fantasie, um zu erkennen, dass der Haus-Haus-Container kostengünstiger durch die Welt reist. Auf ihn richten sich die Anstrengungen der Logistiker in der Organisation der Warenströme, und entsprechend schrumpft der Anteil der Port-Port-Container mit den Jahren.

Für die HHLA war das eine willkommene Entwicklung, denn mit der absoluten Zunahme des Gesamtverkehrs stieg der Bedarf an Containerstellflächen enorm an, und es drohte zu einem Engpass auf den Terminals zu kommen. Der Abriss von Packhallen auf dem Burchardkai schuf Abhilfe, mittlerweile ist von den sieben Hallen nur noch eine halbe übrig.

Heute konzentrieren sich die Terminals auf ihre Kernfunktion, die hocheffiziente Vernetzung der drei Verkehrsträger Schiene, Straße und Wasserweg. In der Fachwelt spricht man von trimodal ausgerichteten Terminals.

Noch zu Zeiten des Kalten Krieges, am 13. Mai 1972, fuhr das erste Container-Zubringerschiff auf der Elbe in die Tschechoslowakei und bereits 1968 nahm der Containerbahnhof am Burchardkai seinen Betrieb auf. Er war damals mit weinrot lackierten Dieselloks der Baureihe V 200 ausgestattet, die einen Containerzug namens *Delphin* zogen. Mittlerweile weist der Bahnverkehr Richtung Osteuropa geradezu abenteuerliche Zuwachsraten auf. Allein die HHLA-Tochter TFG Transfracht International verbindet heute die deutschen Seehäfen auf dem Schienenweg mit 20 Hinterlandterminals. In jeder Woche fahren mehr als 300 Containerzüge des *Albatros Express* von der Küste ab.

Längst ist die lange Revierfahrt vom Hamburger Hafen, also die Strecke, die ein Schiff von dort aus bis zum offenen Meer zurücklegen muss, als Standortvorteil erkannt worden. Der Seetransport bleibt unschlagbar billig und die Landtransporte verkürzen sich um mehrere Hundert Kilometer, je nach Bestimmungsort des Containers. Das hat auch in ökologischer Hinsicht positive Auswirkungen, denn Hamburg liegt im Schnitt rund dreihundert Kilometer näher an den Märkten in Osteuropa als Rotterdam und Antwerpen. Damit entfallen jährlich mehrere Milliarden LKW-Kilometer auf dem europäischen Straßennetz.

Die HHLA betreibt gegenwärtig drei Containerterminals im Hamburger Hafen: neben dem Burchardkai ist es zum einen der

»kleine Bruder« Tollerort, zum anderen der Terminal Altenwerder, die weltweit wohl modernste Anlage überhaupt. 2002 in Betrieb genommen, setzt sie auch sieben Jahre später noch den internationalen Benchmark für Automation und Produktivität im Umschlag der Stahlboxen. Wenn das Stapeln eine Kunst ist, dann ist Altenwerder, so könnte man sagen, ein Gesamtkunstwerk.

Ein Ende des Booms in der Containerschifffahrt ist nicht abzusehen. In den Zeiten der Globalisierung werden alle Prognosen regelmäßig von der tatsächlichen Verkehrsentwicklung überrollt. Die langfristigen Voraussagen für die deutschen Häfen lagen Mitte der neunziger Jahre bei Zuwächsen von vier bis fünf Prozent. Die tatsächlichen Raten liegen deutlich im zweistelligen Bereich. Der HHLA-Vorstandsvorsitzende Klaus-Dieter Peters sagt dazu: »Die überproportionale Wachstumsdynamik der Drehscheibe Hamburg ist ein Erfolg, aber auch eine ganz besondere Herausforderung für uns. Wir stellen uns dieser Aufgabe mit dem größten Investitionsprogramm in der Geschichte der HHLA.« Von 2004, als das aktuelle Ausbauprogramm auf den Weg gebracht wurde, bis 2007 wuchs der Containerumschlag auf den HHLA-Terminals um 50 Prozent. In absoluten Zahlen sind das sage und schreibe 4,8 Millionen Standardcontainer (TEU) gegenüber 7,2 Millionen TEU. Peters fügt hinzu: »Herzstück unseres Investitionsprogramms ist der Container Terminal Burchardkai.« Und so schließt sich für die HHLA momentan ein Kreis, wenn die Keimzelle des Containerumschlags im Hamburger Hafen bei laufendem Betrieb massiv ausgebaut wird, mit dem Ziel, die in Altenwerder erreichte Leistung noch zu übertreffen. Wieder einmal werden die Kaimauern an den Liegeplätzen im Waltershofer Hafen verstärkt, um die Last der künftigen Super-Post-Panamax-Containerbrücken aufzunehmen.

FARBIGE CONTAINER UND FASANE AUF DEM BURCHARDKAI

Aus der Vogelperspektive fällt nicht zuerst die immense Technik eines Containerterminals ins Auge, sondern seine verspielt wirkende Farbigkeit. Man könnte spekulieren, hier seien Leute am Werk, die früher gern mit Bauklötzen gespielt hätten. Dabei beruht der Erfolg des Containers gerade auf seiner strengen Normierung, die es ermöglicht, ihn überall auf der Welt nach dem gleichen Standard zu behandeln. Wohl manch einer hat sich schon gefragt, ob die verschiedenen Farben einem bestimmten Reglement unterworfen sind.

Die Antwort findet man auf dem Container Terminal Burchardkai. Der kollegiale Ton, der hier herrscht, ist ein Nachhall aus der Frühzeit im Hafen, den fünfziger und sechziger Jahren, an die sich gestandene Facharbeiter wie Peter Wagner mit einer gewissen Wehmut erinnern. Als Wagner 1968 bei der HHLA anheuerte, war die Halbinsel Waltershof zwischen dem Burchardkai auf der Hafenseite und dem Athabaskakai auf der Stromseite noch eine idyllische Kleingartenkolonie mit Kaninchen und Fasanen. Achthundert Menschen lebten dort. Gelegentlich kam der staatlich bestellte Förster zu Besuch, um an den künftigen Liegeplätzen der Containerschiffe das Niederwild zu zählen.

Im Jahr 1976 vernichtete dann die große Sturmflut Häuser und Gärten und nach dieser Katastrophe wurde die Siedlung nicht wieder aufgebaut. Zeitgleich mit diesem Naturereignis meldete der Terminal Burchardkai neuen Raumbedarf an. So wurde ein Ausbau zwischen dem Hafen Waltershof und dem

Athabaskakai auf der Stromseite in Angriff genommen. Trotz aller Technik und der Mengen an Beton, die hier verbaut worden sind, ist die Welt des Burchardkais umso farbenfroher geworden, je höher die Container in den Blocklagern gestapelt wurden.

Und was hat es nun mit der Farbgebung auf sich? Auf dem Burchardkai erfährt man, dass es allein die Entscheidung der Reederei ist, welche Farbe ein Container hat. Darin drückt sich die berühmte Corporate Identity aus, also das Erscheinungsbild der Firma. Ebenso wie die Schiffe sind die Container meist Eigentum der Reedereien, doch es gibt auch einige Leasingfirmen. Weltweit operieren fünf Leasingfirmen und rund fünfzig Containerreedereien von Bedeutung. Die typische Farbe der Leasing-Container ist Rostrot. Reefer-Container wiederum sind überall auf der Welt weiß, um ihre Erwärmung durch Sonneneinstrahlung zu vermindern. Das Wort *reefer* kommt von dem englischen Verb *to refrigerate* (kühlen), Reefer-Container sind demnach Kühlcontainer.

HAFENSLANG – DIE TAUFE DES VAN-CARRIERS

Der Hamburger Hafen ist nicht nur zolltechnisch ein besonderes Gebiet, sondern auch sprachlich. Das Idiom heißt Hafenenglisch. Zusammen mit dem Hafenslang ergibt das eine recht brisante Mischung, für die man sich als Außenstehender bisweilen ein Wörterbuch wünschen würde. Wer zum ersten Mal auf dem Container Terminal Burchardkai ist, begegnet früher oder später einem der Van-Carrier, die dort umherfahren. »Helm auf, Abstand halten und Umsicht bewahren«, lautet dann die Direktive.

Der Van-Carrier, kurz VC, ist ein hochspezialisiertes Transportfahrzeug, das die Stahlboxen zwischen den Containerbrücken am Kai und den Stellplätzen versetzt. In der Frühzeit der Hamburger Containerisierung hieß er noch Portalhubwagen und fuhr mit Diesel statt mit Elektromotoren. Die allerersten Portalhubwagen kannten die Hafenarbeiter am Burchardkai nur als *Peiner*, weil sie von der HHLA in enger Zusammenarbeit mit der Peiner Maschinen- und Schraubenwerke AG entwickelt worden waren. Für den Laien sehen die sechzig Tonnen schweren Fahrzeuge aus wie insektenhafte Monster aus dem *Krieg der Sterne*. Acht mächtige Räder bewegen einen Stahlrahmen von der Höhe eines Mehrfamilienhauses und der Fahrer sitzt in einer Kabine, die hoch oben an der Stirnseite des Gefährts befestigt ist. Seine Daten erhält er per Funk, seine Position übermittelt er per GPS und notfalls auch per Laserradar. Jede Transport-Order wird vom Terminal-Ablauf-Steuerungssystem automatisch vergeben und vom GPS überwacht. Eine Fehlsteuerung ist dadurch nicht mehr möglich.

Im Rahmen des Van-Carriers hängt eine Hebevorrichtung, der sogenannte Spreader. Wenn der Van-Carrier über einen Container fährt, senkt sich dieser herab, verriegelt sich über eine Hydraulik mit den vier Eckbeschlägen des Containers und hebt diesen an. Dann fahren insgesamt rund neunzig Tonnen davon. Das geht in diesem Fall nicht auf die Gelenke, sondern auf die Reifen. Van-Carrier-Reifen sind sehr teure Übergrößen, die nur von wenigen Herstellern produziert werden. Ihr Verschleiß ist einer der größten Kostenfaktoren im laufenden Betrieb der Gefährte.

Der Begriff des Van-Carriers ist übrigens nur in den Hamburger und Bremer Häfen zu Hause. International spricht die Transportwelt vom *straddle carrier*. Da nun die Hamburger Logistiker und Hafenarbeiter keine »Provinzheinis« sein wollen, gebrauchen sie mittlerweile ebenfalls diese Bezeichnung, und zwar am liebsten noch abgekürzt. Wer über den Terminal am Burchardkai geht und den Leuten mit den weißen Schutzhelmen und dem HHLA-Emblem auf dem Kopf lauscht, hört nur »Strads«.

Halten wir also fest: Peiner sind Portalhubwagen sind Van-Carrier sind Strads.

Wenn wir nun vom Burchardkai zum Terminal Altenwerder hinüberwechseln, der in Blickweite liegt, nützt uns dieses Wissen allerdings wenig, denn dort gibt es schon keine Strads mehr. Hier übernehmen seit 2002 Automated Guided Vehicles den Containertransport. Äußerlich ist das AGV, wie es auf dem Containerterminal genannt wird, ein fahrbarer Untersatz, der in seiner Schlichtheit nicht mehr übertroffen werden kann: nichts als eine Ladefläche auf Rädern. Das Geheimnis ist seine elektronische Steuerung über Transponder, die in den Boden eingelassen sind. Ohne menschliches Zutun manövriert sich das AGV passgenau unter die Containerbrücke, um seine Ladung aufzunehmen.

JUNGBRUNNEN FÜR CONTAINER: DAS SERVICECENTER

Am Hansahöft, im Schuppen 50, entsteht derzeit ein Hafenmuseum. Ein Highlight der Ausstellung ist der ockergelbe Van-Carrier 26 aus dem Jahr 1971, der einen schon vor dem Eingang begrüßt. Er ist einer der ältesten noch funktionsfähigen Portalhubwagen weltweit. Das fahrtüchtige Museumsstück verweist auf einen Dienstleistungsbereich der HHLA, der kaum im Mittelpunkt der Öffentlichkeit steht, doch seit Beginn der Containerisierung eine bedeutsame Rolle gespielt hat: die Wartung und Reparatur der Boxen und des Umschlaggeräts. Im Hafenenglisch heißt das M+R, *Maintenance & Repair*.

1977 wurde der Hauptteil des M+R-Bereichs, die Grundüberholung für Container und Flurförderfahrzeuge, unter einem Dach zusammengefasst. Damit entstand die Keimzelle des Servicecenters Burchardkai. Die Wirtschaftlichkeit im Containerverkehr steht und fällt mit dem Nutzungsgrad der Schiffe, der Umschlaganlagen und der Container selbst. Einen wesentlichen Beitrag dazu leistete eben dieses Servicecenter.

Mitte der siebziger Jahre umfasste der Containerbestand allein auf dem Terminal Burchardkai 6.000 Einheiten pro Tag, die schon ohne Ladung einen Wert von 33 Millionen Euro repräsentierten (mit Ladung rund 175 Millionen Euro). Dabei erfolgten bis zu 2.500 Bewegungen pro Tag auf dem Terminal und es gab durchschnittlich 150 Reparaturvorgänge. Hier waren die Anforderungen entsprechend den Kundenwünschen unterschiedlich. Manche Reedereien gaben sich damit zufrieden, ihre Boxen wasserdicht und funktionstüchtig zu halten, andere ließen auch aufwendige Reparaturen durchführen, um den sicheren Transport ihrer Ware zu gewährleisten. Ein spezieller Service am Terminal waren Schnellreparaturen, die innerhalb von 24 Stunden erledigt wurden.

Besonders schwere Schäden können Container durch Seeschlag erleiden. Wenn die schiffseigene Stampf- und Tauchperiode auf hoher See eine Resonanz mit der Begegnungsperiode des Wellengangs erfährt, stampft das Schiff außerordentlich schwer, es taucht tief in die Wellen ein und nimmt entsprechend viel Wasser über. Die physikalischen Gesetze lassen sich nicht manipulieren, deshalb müssen die Verantwortlichen im Vorfeld darauf achten, in einem sicheren Korridor der Seegangsbedingungen zu fahren. Seeschlag führt nämlich leicht zu einer erheblichen Deformierung der Container und in der Folge womöglich zum Totalschaden des Inhalts. Während dieser im Zweifelsfall also unwiederbringlich verlorenging, konnten deformierte Container im SCB Servicecenter Burchardkai wiederhergestellt werden.

Die Dienstleister der HHLA konnten sogar noch mehr. Was für sterbliche Menschen eine Utopie war und ist, bot das Servicecenter dem Transportgewerbe an: einen »Container-Jungbrunnen«. Zuerst wurde das subjektive Alter des Containers ermittelt, dann wurden Löcher in der Außenhaut verschweißt und tragende Teile gegebenenfalls ausgetauscht. In der Strahlkammer befreite man die Boxen dann bis auf das blanke Metall von altem Lack, Rost und Schmutz. Danach waren sie bereit, wieder lackiert und mit hübschen Firmenlogos verziert zu werden.

Rund zwanzig Jahre hat dieses Geschäft gut funktioniert, doch ein Jungbrunnen hat auch seinen Preis. Und der ist mittlerweile in Relation zu einem Neukauf so hoch, dass es sich nicht mehr lohnt, die alten Container überholen zu lassen. Fazit: Der Jungbrunnen ist heute wieder geschlossen, der Rest ist kostbares altes Eisen, ab damit in die Schmelze!

ES WAR EINMAL: DAS BERMUDADREIECK AUF DEM BURCHARDKAI

Heute ist auch der Burchardkai geodätisch vermessen, ebenso wie die beiden anderen HHLA-Terminals. Eine ausgeklügelte Software behält per GPS-Ortung den Überblick über alle Bewegungen und den Stellplatz jedes Containers. Zusätzlich ist in den Van-Carriern ein Laserradar installiert, falls das amerikanische Militär das GP-System mal herunterfahren sollte. An den Terminals darf die Arbeit unter keinen Umständen zum Stillstand kommen, die Arbeitszeit beträgt »24/7« – also eine Sieben-Tage-Woche rund um die Uhr.

Mit dem Container-Tracking per GPS hat eine Entwicklung ihren Abschluss gefunden, die geprägt war von vielfältigen Improvisationen, »handgestrickten« Lösungen und dem hartnäckigen Willen zur Perfektion. In den Kindertagen des Containerverkehrs setzte man schon mal einen Docker auf eine Stahlbox, um dem Schwimmkran zu signalisieren, welcher Container genau verladen werden sollte. Eine kurzlebige Innovation war der *bicycle man* in der Person von Willy Baumann. Er fuhr die Reihen der Container per Zweirad ab und setzte mit Kreide seine Markierungen. Der Bicycle-Man wurde abgelöst durch das augenzwinkernd nach dem Papstgefährt benannte »Papamobil«, ein Auto mit hervorragender Rundumsicht. Anders ließen sich die abzufahrenden Strecken und zu kontrollierenden Boxenmengen auf dem Terminalgelände nicht mehr bewältigen. Ein Blick auf den Umschlag vom Kai zur Bahn macht das anschaulich: Ein Containerzug der Deutschen Bahn hat eine Länge von 720 Metern und jeden Tag fuhren fünf bis sechs Containerzüge vom Burchardkai ab. Der Mann im Papamobil speicherte seine Daten elektronisch, wenngleich er sie noch von Hand eingeben musste. Im Papier- und Stückgutzeitalter hatte er noch mit dem »Wahrsager« gearbeitet, das war das Frachtbuch und enthielt die Verzeichnisse, wie viele Kartons oder Säcke zu einer Partie gehörten. Zum Beispiel verkündete ihm der Wahrsager: »Zehn Kartons Kaugummi für Karstadt«. Wie tief die Datenverarbeitung zu Beginn der Containerisierung noch in den Kinderschuhen steckte, lässt sich auch für die Wasserseite zeigen. Während die endgültige Reiseabrechnung eines Schiffes früher rund fünf Monate dauerte, reduzierte nun die moderne Datenverarbeitung die Zeitspanne auf zehn bis zwölf Wochen.

Später entstand ein Funknetz zwischen den Van-Carriern, den Containerbrücken und dem Logistik-Leitstand, mit dem alle Beteiligten die notwendigen Angaben zu den Containern auf einem Bildschirm empfangen. An den LKW-Abfertigungsplätzen, also der landseitigen Schnittstelle des Terminals, wurde ein modernes Barcode-System eingeführt. Wolfgang Hartmann erläutert die Praxis, die er als langjähriger Disponent, sprich: Frachtplaner, auf dem Terminal schätzen gelernt hat. »Der Trucker bekommt ein Ticket, das er an der Ausgabe durch das Lesegerät zieht, und wie von Geisterhand setzt sich irgendwo auf dem weitläufigen Gelände ein Van-Carrier in Bewegung und setzt ihm seinen angeforderten Container auf das Chassis.«

Die durchschnittlichen Abfertigungszeiten der Trucks, so erfährt man auf dem Terminal, liegen inzwischen bei unter zwanzig Minuten. Im heutigen System ist keine Datenübermittlung durch Menschen mehr notwendig, und damit sind alle Fehler, die auf menschliches Versagen zurückgehen könnten, ausgeschlossen. Deshalb kommt mittlerweile auch kein Container mehr abhanden. Auch der Container-Suchtrupp ist damit obsolet geworden, den die HHLA in den siebziger und achtziger Jahren im Einsatz hatte. Im Kern war es ein Ein-Mann-Trupp, bestehend aus »Hörnchen«, mit bürgerlichem Namen Herbert Heideck. Er war ein Meister seines Fachs. Bei der Wiederauffindung eines vermissten Containers gab es für die Hafenarbeiter eine Gratifikation, die sich nach dem Schwierigkeitsgrad seiner Suche richtete. Die übliche »Belohnung« war ein halber Tag Freizeit für den Finder. Ein Mann wie Hörnchen jedoch, der eine Mission zu erfüllen hatte, bedurfte eines solchen Ansporns nicht. Eines Tages fand er den lange gesuchten Container mit der Destination New York. Als er begriff, worauf er gestoßen war, breitete er die Arme aus und rief freudestrahlend: »Da bist du ja, mein New York!«

In diesem Augenblick ging die Produktivität auf dem Terminal mächtig in den Keller, denn wie es das Schicksal wollte, stand ein größerer Teil der Belegschaft gerade hinter Hörnchen und högte sich nun, wie es in Hamburg heißt, also die Männer ließen die Arbeit sein und kriegten sich nicht mehr ein vor Lachen. *Da bist du ja, mein New York!* wurde auf dem Burchardkai zum geflügelten Wort.

Die Ecke auf dem Terminal, wo der lange vermisste New-York-Container gestanden hatte, wurde von den Arbeitern im Hafen das Bermudadreieck genannt. »Auf der Ecke gab es ein Funkloch«, weiß einer der Hafenarbeiter zu berichten. Er ist einer der alten Recken mit Van-Carrier-Führerschein. »Du setzt den Container dort ab, und es gibt keine Rückmeldung darüber, und dann ist der Container für das System verschwunden.« Peter Wagner, der die meiste Zeit seines Arbeitslebens ebenfalls als Fahrer von Strads und Containerbrücken auf dem Terminal Burchardkai verbracht hat, ist skeptisch: »Wenn da ein Funkloch war, dann wohl eher ein virtuelles. Man verzog sich dorthin, wenn man nicht gefunden werden wollte.« Kein Wunder, was ein echtes Bermudadreieck ist, das lebt eben auch von Gerüchten. »Dort landeten ganz gezielt jene Container«, sagt Wagner später, »von denen man auf dem Terminal nicht wusste, wohin damit.«

SUPER-POST-PANAMAX: SCHIFFE EINER NEUEN GENERATION

Das Hamburger Container-Jubiläumsjahr 2008 hat es in sich. Vier Dekaden und drei Monate nach der *American Lancer* legte am 5. August 2008 die *CSCL Long Beach* am Burchardkai an. Zwei Schlepper vor Bug und Heck bugsierten den Riesen der Post-Panamax-Klasse an seinen Liegeplatz. Mit dem Großcontainerschiff der China Shipping Container Lines (CSCL) startet ein neuer Gemeinschaftsdienst der achtgrößten Containerreederei der Welt mit der französischen CMA CGM, ihrerseits ein Zusammenschluss von Compagnie Générale Maritime (CGM) und Compagnie Maritime d'Affrètement (CMA), die den dritten Rang weltweit einnimmt.

Von Schanghai brauchen Container mit diesem Dienst nur noch 28 Tage bis Hamburg. In regelmäßigem Wechsel wird der Terminal Burchardkai Schiffe von China Shipping und CMA CGM abfertigen, die 9.600 Standardcontainer (TEU) fassen. Der neue Liniendienst ist ein Zeichen für die stetig wachsenden Umschlagmengen der HHLA, zu deren Kunden 18 der 20 größten Reedereien weltweit gehören.

Die Ankunft des Containerriesen *CSCL Long Beach* erinnert an ein anderes Datum, das für den Hamburger Hafen auch in Fragen der Globalisierung eine wichtige Rolle spielt. Am 31. August 1981 wurden auf den Liegeplätzen 5 und 6 am Burchardkai die seinerzeit größten Containerschiffe der Welt gleichzeitig abgefertigt. Die *Frankfurt Express* der Hapag-Lloyd und die *City of Edinburgh* der Inman Line. Beide Schiffe gehörten zur Flotte der dritten Generation, die Anfang der achtziger Jahre mit zwanzig Einheiten den Fernost-Dienst für die sogenannte TRIO-Gruppe absolvierten. Das Kürzel TRIO stand für einen Zusammenschluss von Reedereien, unter anderem auch aus Asien. Interessant daran ist, dass immer die jeweils größten Containerschiffe einer Generation die Fernost-Routen fahren und dass diese Dienste für einen Reeder allein meist nicht leistbar sind. Deshalb schließen sie sich für Liniendienste zusammen, um genügend Schiffe bereitstellen und möglichst viel Ladung akquirieren zu können. Außerdem verteilen sich die Partnerschaften auf beide Kontinente: Europa und Asien, denn für die Beschaffung und Organisation der unvorstellbar großen Menge an Ladung, die der Tragriese transportieren kann, braucht das Schiff lokale Partner. Die Containerisierung und die Globalisierung sind demnach in ihrem heutigen Ausmaß nicht mehr ohneeinander denkbar.

Gibt es in dem ständigen Höher, Schneller, Weiter auch Einschnitte, von denen man sagen kann: Hier war die revolutionäre Veränderung der Transporttechnik abgeschlossen? Die Antwort auf diese Frage fällt überraschend eindeutig aus: In den Jahren 1980/81 wurde das Fahrgebiet Südamerika-Ostküste für den Containerverkehr erschlossen, damit war der Boxentransport auf allen sieben Meeren durchgesetzt und die Revolution des Seetransports durch den Container beendet. Was danach kommt, ist nur noch Wachstum.

Doch wie bemisst man das Wachstum, wie klassifiziert man die Größenordnungen im Seetransportbereich? Die Einfachheit der Kiste, der simple Grundgedanke des Boxenumschlags macht es möglich, die verwickelten Verhältnisse im Warenverkehr mit wenigen Zahlen zu erfassen. Wie bei den Stahlboxen der 20-Fuß-Container (TEU) das Maß der Dinge bildet, so sind es bei den Schiffen auf hoher See die Schleusen des Panamakanals. »Passt es noch durch oder passt es nicht?«, lautet die Frage. Denn um die Schleusen des Kanals benutzen zu können, darf ein Schiff nicht breiter als 32,23 Meter sein, die sogenannte Panamax-Klasse.

Als Erste haben die Supertanker diese Beschränkung im Interkontinentalverkehr hinter sich gelassen. Ihre Vorreiterrolle ist hier kaum verwunderlich, denn zum einen liegt die Beziehung zwischen Wirtschaftlichkeit und Fassungsvermögen bei ihnen noch klarer auf der Hand als im Containersegment, zum anderen spielt der Panamakanal auf den Hauptrouten des Erdöltransports nur eine untergeordnete Rolle. Post-Panamax-Tanker fahren vom Nahen Osten nach Europa und Japan oder auch von Venezuela an die Ostküste der USA, ohne vom Atlantik in den Pazifik wechseln zu müssen.

Auf den Containerschiffen rechnet man nicht die Breite nach Metern und Zentimetern, sondern hier wird gefragt, wie viele Boxenreihen nebeneinander auf das Deck passen. 13 lautet die magische Zahl. Wenn es mehr sind, spricht man in der Branche von Post-Panamax-Schiffen. In dieser Kategorie werden Schiffe mit einer Breite bis zu 18 Containerreihen gebaut.

Warum es eine neue Obergrenze gibt? Nachdem der Reeder den Panamakanal als limitierenden Faktor kühn hinter sich gelassen hat, muss er ein Auge auf die Länge der Containerbrücken in den anzulaufenden Terminals haben. Es nützt nichts, womöglich

Malcom McLean: Erfinder des modernen Containers. 1956 schickte der amerikanische Trucker und Spediteur die ersten Container mit Frachtern auf Reisen. Die *International Maritime Hall of Fame* in New York nominierte McLean als »Mann des Jahrhunderts«.

zwanzig Containerreihen auf einem Riesen zu befördern, wenn der Ausleger der Brücke am Kai die letzten zwei Reihen nicht mehr erreichen kann. Doch in diesem Bereich gibt es zumindest an der Elbe keinen Stress, hier stehen bereits die größten Maxe: Super-Post-Panamax-Containerbrücken.

Ein Schiff der aktuellen Post-Panamax-Klasse transportiert mehr Ladung als alle Schiffe der Hanse zusammengenommen, die um 1600 die Nord- und Ostsee befuhren.

Die Landkarte der Globalisierung ist in Wahrheit eine Seekarte des Containers. Der kostengünstige und in ökologischer Hinsicht wenig belastende Seetransport der weltweiten Warenströme entfaltet eine besondere Wirksamkeit durch die Tatsache, dass über die Hälfte der Weltbevölkerung mittlerweile in Küstennähe wohnt, wenn man einen hundert Kilometer breiten Landstreifen als Referenz heranzieht. Dieser globale Zusammenhang gilt auch für die Metropolregion Hamburg. Immerhin 25 Prozent des Umschlagvolumens im Hamburger Hafen verbleiben *bi uns to Hus*.

Handelt es sich bei den letzten Dekaden der Containerisierung tatsächlich »nur noch« um Wachstum oder gibt es weitere Quantensprünge? In einer GEO-Technik-Reportage hieß es 2005 über den modernsten Terminal der Welt: Die Brücken von Altenwerder »sind mit ihrer Spannweite von 61 Metern den Frachtern der Zukunft angepasst«. Nach einer Tour d'Horizon durch vierzig Jahre Boxenwirtschaft ahnt der Leser, was bei derartigen Statements von der Spanne ihres Haltbarkeitsdatums zu erwarten ist.

Tatsächlich beträgt die Auslegerlänge der allerneuesten chinesischen Super-Post-Panamax-Containerbrücken am Burchardkai schon 67,5 Meter. Ihre Höhe beträgt schwindelnde 83,5 Meter über Mittlerem Tideniedrigwasser (MTnw). Damit besitzt diese Maxi-Brücke die Fähigkeit, auch die 22 Containerreihen der allerneuesten Tragriesen bedienen zu können.

Man darf gespannt sein, welche Entwicklungsschritte der Hamburger Hafen als Nächstes gehen wird.

DIE MENSCHEN HINTER DEN KISTEN:
15 PORTRÄTS AUS DEM HAMBURGER HAFEN

WEISS, WIE CONTAINER TICKEN:
Brückenfahrer Georg Erven

GEORG ERVEN KANN SICH als Einziger daran erinnern, welcher Containerbrückenfahrer im Einsatz war, als die *American Lancer* erstmals in den Hamburger Hafen einlief. »Das war Helmut Seifert, der war am Burchardkai geboren«, sagt Erven. Er meint es faktisch und metaphorisch zugleich, schließlich blühte dort vor dem Containerzeitalter eine Kleingartensiedlung. »Ich selber bin da als Junge zum Baden hingefahren«, fügt er an und spricht dann über seine Arbeit als Brückenfahrer.

Mit Reinhard Haase hatten Seifert und er sich zu einer besonderen Truppe auf dem Terminal zusammengetan, zu einem »Stand-by für die Nachtschicht«. Ihre Spezialität war die dritte und vierte Schicht am Sonnabend. Wie man das schaffte? Keine Zigaretten, kein Alkohol, kein Fleisch. Das durchzuhalten ging nur mit der wahren Liebe an der Seite. Seine Frau hielt ihn an Land und in Hamburg. »Eigentlich bin ich ein Wanderbursche«, sagt Erven, heute 77, mit einem blitzenden Lächeln.

1946 kam sein Vater aus russischer Gefangenschaft nach Hamburg zurück. »Wir haben hier doch nichts«, sagte er zu seinem Jungen. »Gut, ich bin dann mal weg«, sagte Georg. Er versuchte auf einem Hochseeschlepper anzuheuern, doch der Kapitän meinte nur: »Komm wieder, mein Junge, wenn du über die Reling pinkeln kannst.« Aufgehalten hat ihn das nicht. Mit fünfzehn Jahren musterte er auf dem einzigen Hamburger Dreimaster an, der *Undine*, und 1950 fuhr er dann auf dem größten deutschen Tanker, der *Elisabeth Enz*, zum Persischen Golf. Kurz darauf landete er – als einer der ersten Deutschen überhaupt nach dem Krieg – in Haifa, Israel, natürlich auf einem ausländischen Schiff, einem Griechen. »Sprich kein Wort Deutsch«, schärfte ihm der Schiffsmakler vor Ort ein. »Ich möchte nicht, dass dir was passiert.«

So vielversprechend fing es an mit dem Wanderleben, aber dann kam die erwähnte Liebe, und im November 1954 fand sich Georg Erven bei der HHLA wieder. Dort fing er noch einmal neu an – an der Sackkarre. Nach einem Jahr machte er einen Lehrgang und wurde Kranfahrer.

Erven hat es nie bereut, im Gegenteil. Der Kran- und Brückenfahrer hat seine Arbeit geliebt. Besonders mochte er es, die Container hin und her zu setzen, das war für ihn ein bisschen so, wie als Kind mit Bauklötzen zu spielen.

Und was ist aus dem Wanderburschen geworden? Gerade reist seine Enkelin ein Jahr lang durch Australien und Neuseeland. Das freut ihn, das hat sie von ihm.

Revolutionäres Rot, leicht demoliert: Georg Erven vor Reparatur-Container der DSR – Staatsreederei der DDR – 1972 auf dem Terminal Burchardkai

Moderne Post-Panamax-Containerbrücke: Der Ausleger schwebt über der Ladebucht eines Großcontainerschiffes, die Katze ist vorgefahren, darunter die Kabine mit dem Brückenfahrer, am Seil der Spreader (engl. für Spreizer, der Greifer), der sich gleich mit einem Container verriegeln wird, um ihn aus der Bay (Bucht) zu ziehen.

DREIZEHN JAHRE LANG HABE ich auf Schuppen 58 als Kranfahrer gearbeitet. Mein Vater war auch bei der HHLA, er hat Säcke geschmissen. Manchmal waren wir zusammen auf der gleichen Schicht, das ist mir dann zu Herzen gegangen. Ich stellte ihm mit meinem Kran die Säcke vor die Füße (Kakao, Kaffee, Pansen oder Zement) und er musste sie bewegen. Danach kamen wir zusammen nach Hause, mein Vater war kaputt und legte sich ins Bett zum Schlafen. Ich habe was gegessen und oft kriegte ich einen Anruf, dann bin ich wieder raus zum Schuppen, die nächste Schicht fahren.

1969 habe ich mich zu der neuen Arbeit als Containerbrückenfahrer am Burchardkai gemeldet. Ehrlich gesagt habe ich damals gedacht, es sei eine Mode und mit den

Die Perspektive des Brückenfahrers 1985. Joysticks und ergonomische Sitze gehören zur Ausstattung der Fahrerkanzel.

Containern wäre es in fünf, sechs Jahren wieder vorbei. Für eine Alternative habe ich die Schuten gehalten, mit denen die HHLA auch experimentierte. Sie fuhren vom Schuppen direkt ins Dockschiff, doch diese Art des Umschlags hat sich nie richtig durchgesetzt.

Alle Brückenfahrer und Van-Carrier-Fahrer zusammengerechnet waren wir rund dreißig Mann am Burchardkai. In der allerersten Zeit kamen vielleicht vier Containerschiffe die Woche. Zwischendurch bin ich selber VC gefahren oder ich fasste bei den Packern mit an, wenn die Container beladen wurden. Herr Raabe, der Terminal Operator, war mein bester Freund. Bald nahm der Containerverkehr derart zu, dass Brückenfahren zum Fulltime-Job wurde.

Vom Grundsatz her waren die ersten Containerbrücken bereits erstaunlich weit entwickelt. Die Konstruktion ist geblieben, der Fortschritt hat sich in tausend kleinen Schritten vollzogen, und am Ende ist es heute oben in der Kanzel doch ein völlig anderes Fahrgefühl. Wir hatten niemanden, der uns einwies, wir mussten uns das Brückenfahren selber beibringen. Manchmal dachte ich an meinen Kranfahrer-Lehrgang. Einmal habe ich während der Ausbildung mit dem Kran eine Hiev gegen die Leiter in einer Schute geknallt. Da kam ein Stauer aus der Schute hochgeschossen: »Bist du verrückt! Morgen werde ich 66, und heute ist mein letzter Arbeitstag!«

An der Kocks-Containerbrücke betrug die Auslage schon damals satte 64 Meter. Es war nicht so wie heute, dass sich nur die Katze bewegt, sondern das ganze Maschinenhaus fuhr raus, und darunter saß die Kanzel. Ich konnte gar nicht sehen, wo die Brücke zu Ende war. Einen Meter vor Schluss saß der sogenannte Vorendschalter, dann ruckelte es in der Kanzel, und ich dachte: Nun ist aber Schluss, meine Süße!

Kleiner Mann ganz groß: Als das Containerzeitalter noch in den Kinderschuhen steckte, ging die Hamburger Staatsoper bereits 1967 im Container auf Reisen. Der Schwimmkran, zuständig für »Schwergut«, hat die Box am Haken.

So ein Ausleger wog hundert Tonnen. Bei Schichtende brachte ich ihn in die Senkrechte. Das war wichtig, falls nachts ein Containerschiff kam, damit es nicht gegen den Ausleger fuhr. Im Winter froren die Seile und Stromkabel ein, da musste ich manchmal in eisiger Höhe Eis kratzen, bevor die Brücke wieder lief. Es kam schon mal vor, dass ich den Ausleger betriebsbereit in der Waagerechten hatte, und der Strom war trotzdem noch nicht da. Dann habe ich genauso reagiert, wie man es zu Hause macht, wenn der Fernseher nicht laufen will. Man schlägt mal mit der flachen Hand aufs Gehäuse. Auf meiner Brücke habe ich den Ausleger vielleicht einen Meter angehoben und dann fallen gelassen. Rums! war der Strom wieder da, wenn die hundert Tonnen in die Seile knallten.

Die Brücken wurden höher, schneller und bekamen Fahrstühle. Ich habe aber auf der Arbeit nie den Fahrstuhl genommen. Einmal bin ich nachts auf die Brücke, da war in der Kanzel die Bodenscheibe kaputt, aber kein Zettel da, der mich gewarnt hat. Ich steige also in die Kanzel und trete ins Leere. Irgendwie habe ich es geschafft, mich zu verkeilen, um nicht durchzusausen – bin mit dem Schrecken davongekommen.

Leute an Land haben quasi durch Geburt die Vorstellung einer festen Unterlage, wenn sie an das Stapeln von Containern denken. In Wirklichkeit ist es aber ganz anders, denn jedes Schiff bewegt sich, wenn es mit 20-Tonnen-Lasten gelöscht oder beladen wird. Große Containerschiffe haben Ballasttanks, mit denen sie die Neigung ausgleichen, kleinere Feederschiffe liegen dann richtig schräg im Wasser. Für mich war es eine Freude, die Boxen da hineinzustecken. Ich konnte das und hatte meist auch das richtige Gefühl, wenn ein Container klemmte. Auf den großen Schiffen arbeitete ich teilweise sogar blind, da sah ich die untersten Container nicht mehr.

Ich bin ja ein »Hamburger Buttje«, wohne nun aber seit längerem am Nord-Ostsee-Kanal, in der Nähe von Rendsburg. Dort schaue ich gern den Feederschiffen zu, die den Kanal befahren. Ich habe mit einem Blick die Ladung im Griff und kann im Nu angeben, wie lange ich brauchen würde, um die Container zu löschen. Man brauchte mich nur zu fragen. Und trotzdem: Wenn ich noch einmal auf die Welt komme, gehe ich auf eine Ölplattform. Das ist mein Traum.

HOLTE DEN CONTAINER NACH HAMBURG:
Senator a. D. Helmuth Kern

»WO SIND DENN HIER die Ölbilder von Ernst Plate und von mir?« Helmuth Kern blickt suchend durch den Raum. Die HHLA hat ihr Hauptgebäude bei St. Annen geschmackvoll renoviert. Nur einige wenige Wünsche sind dabei offengeblieben. Der Besucher trifft den früheren Vorstandsvorsitzenden der HHLA, Senator Helmuth Kern, im Sitzungszimmer des Aufsichtsrats. In den achtziger Jahren hieß der Sitz der HHLA bei den Barkassenführern nur »das Kern-Gehäuse«, wenn sie auf ihren Hafenrundfahrten daran vorbeifuhren.

Das Segeln musste der Senator a. D. mittlerweile auf Anraten seines Arztes aufgeben, doch seine Sätze formuliert der 81-Jährige druckreif und mit gewinnendem Charme. Seine Motoryacht *Kismet* bietet ihm Ersatz für das Segeln, zu seinen Bekannten zählt der deutsche Weltumsegler Wilfried Erdmann, und auf St. Annen kann man sich über Seewetterkarten im Internet und elektronische Routenplanung mit ihm unterhalten.

Nach dem Krieg half Helmuth Kern bei den »Jungen Veteranen« mit. Er betreute Flüchtlinge im großen Bunker unter der Reeperbahn. Während seines Studiums der Soziologie und Literaturwissenschaft schloss er sich dem *Sozialistischen Deutschen Studentenbund* (SDS) an, dessen Vorsitzender in Hamburg gerade Helmut Schmidt geworden war. Als Kern herausfand, dass es an der Universität weniger wichtig war, Goethe zu lesen, als zu wissen, was andere über ihn geschrieben hatten, kehrte er dem Wissenschaftsbetrieb den Rücken. Er wurde »bekennender Abgebrochener«, der noch einige Semester »herumkasperte« und dann als Kaufmann in den väterlichen Betrieb einstieg.

Was passiert wäre, wenn er sein Studium beendet hätte, ist eine müßige Frage. Blickt man auf seinen exzeptionellen Lebensweg, steht außer Frage, dass Helmuth seinen »Kern« jedenfalls gefunden hat. 1966 wurde er zum ersten Mal Mitglied des Senats. Es gibt ein Gruppenbild von der damaligen Stadtregierung auf der Treppe des Rathauses. Kern hat als Einziger ein Bündel Akten unterm Arm. Während der SDS zur Speerspitze der APO wurde und im Mai 1968 die politische Revolte probte, zettelte der Wirtschaftssenator Kern – gemeinsam mit der HHLA – zur gleichen Zeit eine ganz andere Revolution an: die Containerisierung des Hamburger Hafens.

Ein halbes Jahrhundert nach dem verkasperten Examen sagte der ehemalige Bundeskanzler Helmut Schmidt über ihn: »Wenn ich für meine politische Arbeit in Bonn eine Auskunft zu einer Schifffahrts- oder Hafenfrage brauchte, dann war er mein Gewährsmann.«

Markiert den Beginn einer neuen Ära: Evergreen Round-the-World-Containerservice 1984. HHLA-Vorstandsvorsitzender Helmuth Kern überreicht Kapitän Chung Yen San an Deck der »Ever Genius« einen Hamburg-Zinnteller zur Feier des bedeutenden Vertragsabschlusses.

ERNST PLATE WAR MEIN Vorgänger in doppelter Hinsicht: als Wirtschaftssenator und als Vorstandsvorsitzender der HHLA. Bekannt ist seine Opposition zur Containerisierung des Seetransports in den sechziger Jahren. Während in Bremen/Bremerhaven gerade die ersten amerikanischen Frachter mit Containern an Deck anlegten, sagte Plate: »Diese Box kommt mir nicht in meinen Hafen!« Aus heutiger Sicht scheint diese Haltung natürlich abwegig, doch damals gab es ja auch Gründe dafür.

Zum Ersten hatte Plate Sorge um die Arbeitsplätze, denn das Rationalisierungspotenzial des Containerumschlags hatte er sehr wohl erkannt. Obwohl er der FDP angehörte, war er ein sehr sozialpolitisch denkender Mensch und strebte auch mit dem Betriebsrat eine Übereinstimmung an. Daher nahm er Rücksicht auf die Beschäftigungsfrage – was aber letztlich jeder anständig handelnde Unternehmer tun musste.

Zum Zweiten gab es ein eher psychologisches Problem: Wer als Vertreter der Hafenwirtschaft den neuartigen Containerverkehr betrachtete, musste befürchten, dass sich damit die gesamte Infrastruktur des Hafens verändern würde. Nun gehörte aber Plate neben Franz Kalischer von der *Lager & Spe*, wie die Gesellschaft im Hafenjargon heißt, also dem privatwirtschaftlichen Umschlagbetrieb, und dem Hafenbaudirektor Dr. Mühlradt zu denjenigen, die den Hafen nach dem Krieg gerade wieder aufgebaut hatten. Er war bei Kriegsende zu unvorstellbaren 80 Prozent zerstört gewesen, und nun hatte die Rekonstruktion ihn genauso wieder entstehen lassen, wie er einst gewesen war. Das bedeutete vor allem schmale Fingerpiers, die eine klare, eng aufeinander bezogene Gliederung besaßen: Kaikante, Eisenbahnschienen, Rampe, Schuppen. Und auf der anderen Seite vom Schuppen, in Höhe der Rampe, gab es die LKW-Abfertigung. Das alles zusammengenommen war die damalige Stückgut-Abfertigung.

Plate, Kalischer und Mühlradt waren zu Recht stolz auf ihre Leistung. Vor allem wollten sie endlich die Früchte ihrer Anstrengungen genießen. 1962/63 haben sie sich zurückgelehnt und gesagt: »Ach, wie schön! Nun ist unser Hamburger Hafen wieder da!« Und im gleichen Augenblick kommt so ein junger Spund als wirtschaftspolitischer Sprecher der SPD-Fraktion und schreibt in einem Artikel im *Wirtschaftsdienst:* »Der Hafen ist leider total veraltet.« Damit kein Rätselraten aufkommt, Sie haben recht, der junge Spund war ich. Stellen Sie sich diese Provokation vor: Der eben neu aufgebaute Hafen sollte veraltet sein!

Plate und Kalischer sahen natürlich auch das Problem, spitze Kaizungen und schmale Schuppen, das passte nicht zum Containerumschlag. Das Pikante an der Kontroverse: Sie wurde zu einem Zeitpunkt ausgetragen, 1965, als schon feststand, dass ich Plates Nachfolger als künftiger Vorstandsvorsitzender bei der HHLA werden sollte. Und da wagte ich es nun, zu behaupten, dass eine ganz neue Entwicklung eintreten würde. Große freie Flächen am Kai waren für den künftigen Containerverkehr gefragt.

Sie mussten als Betreiber hinter den Containerbrücken mindestens vierhundert Meter Platz haben. Das hieß nun tatsächlich, dass Plate einen Hafen gebaut hatte, der so nicht mehr funktionieren würde.

Wenn Sie die spätere Entwicklung betrachten, sehen Sie, dass nach und nach immer mehr Hafenbecken eingeebnet wurden, um große Containerterminals bauen zu können. Erst haben wir am Burchardkai den Maakenwerder Hafen mit einbezogen, dann hat Eurokai gegenüber den Griesenwerder Hafen zugeschüttet und dann wir das Becken bei der Segelschifffahrt. Dieser revolutionäre Schritt war nun 1965/66 für die Altherren, die den Hafen wieder aufgebaut hatten, mit Schweiß und Mühe, aus Trümmern, aus Dreck, ein ganz schreckliches Erlebnis.

Ich habe damals hinzugefügt, dass sich auch die wirtschaftliche Struktur des Hafens radikal ändern würde, von einem vertikalen Aufbau zu einer horizontalen Organisation beim Kaiumschlag. Konkret bedeutet das: Die fünf Stufen, auf denen stets eine

Infrastruktur am Burchardkai 2008: Moderne Terminals benötigen viel Platz als Stellfläche für Container und die Arbeitsbereiche der Brücken und Van-Carrier. Kleinere Hafenbecken werden dafür zugeschüttet.

Stauen von Stückgut auf einem konventionellen Schiff.

andere Firma mit demselben Stückgut beschäftigt ist – der Schauermann, der es aus dem Schiff rausholt, der Kranführer, der es aufs Land stellt, der Tallymann, der prüft, ob die Ware in Ordnung ist, der Spediteur, der die Ware übernimmt, oder die Quartiersmannsfirmen, die die Ware in der Speicherstadt ins Lager nehmen –, das wird sich alles ändern. Eine Umschlagfirma wird diese Stufen integrieren und den gesamten Vorgang, vom Holen der Ladung aus dem Schiff bis zur Zolldeklaration, unter ihrem Dach vereinen, und zwar unter Einsatz der modernen Datenverarbeitung.

In der Konsequenz drohten alteingesessene Firmen reihenweise koppheister zu gehen, was später auch genau so eintrat. Es gab nicht immer eine Pleite, manche wurden aufgekauft, andere stillgelegt, aber diese ganzen Firmen überrollte die Modernisierung durch den Container.

Nun fragen Sie, wie ich Mitte der sechziger Jahre überhaupt dahin gekommen bin, die Bedeutung des Containers zu erfassen? Das will ich Ihnen sagen, es war ein

Stauen von schwerem Gerät mit Überbreite in der Ladebucht eines Containerschiffs.

schlichtes Abfallprodukt meiner Tätigkeit als Hamburger Wirtschaftspolitiker. Damals wurde alle naslang eine Fluglinie zwischen Hamburg und New York eröffnet und manche auch wieder geschlossen. Ich war nun als Repräsentant der Hansestadt eingeladen, auf einem dieser Jungfernflüge dabei zu sein. Mich interessierte aber mehr der Hafen von New York, was Sie nicht überraschen wird. Jetzt war ich erschlagen, als ich die veralteten Docks um Manhattan herum sah, leicht verkommen und kaum mehr benutzt. Meine amerikanischen Begleiter ermunterten mich: »Ja, du musst nach Port Elizabeth fahren. Dort ist dieser neue Containerterminal.«

Da habe ich mir 1965 den ersten zivil-gewerblichen Containerverkehr zwischen Port Elizabeth in New York und Puerto Rico angeschaut. Zwischen den beiden Häfen gab es einen sehr intensiven Warenaustausch. Da sah ich plötzlich, wie toll das ging mit diesen genormten Kisten. Und mit dieser Erkenntnis bin ich wieder nach Hause gefahren. In Hamburg war ich natürlich nicht der Einzige, der jetzt die Zeichen der Zeit erkannt hatte.

Wenn Sie fragen: Wie ist das zustande gekommen? Wer wollte das? Auch Kurt Eckelmann hat sehr frühzeitig auf den Beginn der Containerfahrt in Hamburg gesetzt. Gemeinsam haben wir darum gefochten, Eckelmann auf der privatwirtschaftlichen und ich auf der politischen Seite, dass die Kiste ihren Rang im Hafen bekam.

Kurt Eckelmann ist ohnehin eine bedeutende Persönlichkeit in der Geschichte des Containers. In Paris, am Sitz der ISO, der *International Standardization Organisation,* fand 1964 eine entscheidende Konferenz der Spediteure statt, auf der darüber verhandelt wurde, die Kiste, sprich: den Container, endgültig in Norm und Form zu bringen. Das Bundesverkehrsministerium hatte nun Eckelmann gebeten, die deutsche Delegation zu verstärken, und das machte er mit vollem persönlichem Einsatz. An einem Punkt drohte die Konferenz wegen Differenzen zwischen Amerikanern und Franzosen zu scheitern. Was tat Eckelmann? Abends ging er mit Fred Muller, dem Leiter der amerikanischen Delegation, in den berühmten Pariser Nachtclub *Crazy Horse.* Nicht um sich das bezaubernde Programm anzuschauen, sondern um dem hartleibigen Amerikaner bei reichlich Whisky einen Kompromiss vorzuschlagen und das Maß der Kiste zu besiegeln.

Doch zurück nach Hamburg. 1966 wurde ich Senator, das wollte ich eigentlich gar nicht, denn ich hatte ja meinen schönen Vertrag als stellvertretender HHLA-Vorsitzender bereits in der Tasche. Beginn sollte im folgenden Jahr sein. Nun gut, ich habe den Vertrag ruhen lassen und bin dem politischen Ruf gefolgt. Meine erste Senatsvorlage größeren Umfangs war bereits der Ausbau des Burchardkais, und zwar für 35 Millionen Mark, was damals eine erkleckliche Summe war. Im Senat pflegten wir einen respektvollen und ausgesucht höflichen Umgang miteinander. Doch jetzt erregte sich mein Kollege Gerd Brandes, der Finanzsenator. »Das ist ja ungeheuerlich! Wir haben keinen Vertrag, wir haben keinen Reeder, wir haben keine Container, und wir sollen auf blauen Dunst hin einen Terminal bauen.«

Nun schön, wir redeten im Senat hin und her, schließlich sagte ich: »Herr Bürgermeister, wenn wir das nicht tun, werden wir nie einen Reeder bekommen. Ich kann nicht eine Reederei unter Vertrag nehmen und ihr sagen: ›Kommen Sie mal in einem Jahr wieder. Dann ist der Terminal gebaut.‹ Dann würde der Reeder sagen: ›Ich glaub, ich spinne! Nun gehe ich nach Bremerhaven.‹« So viel zu meinen Argumenten im Senat. Bremerhaven war uns in den ersten Jahren stets voraus, die Story kennen Sie.

Ein halbes Jahr nach dieser Initiative in der Hamburger Hafenpolitik hatten wir einen Vertrag mit der United States Lines und 1968 den nächsten mit der Hamburg-Amerika-Linie, die bald darauf Teil der Hapag-Lloyd wurde. In dieser Zeit wurde beständig argumentiert, Hamburg mit seiner langen Revierfahrt sei ungeeignet für den Containerverkehr. Wer wolle denn schon diese blödsinnige Elbe rauf- und runterfahren? Es war nicht immer einfach, dagegenzuhalten. Umweltschutz war noch kein großes Thema, und das Loco-Aufkommen, also der Anteil der umgeschlagenen Güter, der in der Region verbleibt, heute beachtliche 30 bis 40 Prozent, war damals kein durchschlagendes Argument, weil es in der Zusammensetzung des Nordamerika-Verkehrs längst nicht diese Höhe erreichte.

Im Zusammenhang mit der Konkurrenz mit Bremen/Bremerhaven steht auch die Bortscheller-Episode aus dem Jahr 1969. Bortscheller war der Wirtschaftssenator von Bremen. Wir hatten eine gemeinsame Konferenz in Hamburg, wie es sie häufig bei den Wirtschaftssenatoren gibt, ich erwartete also nichts Besonderes. Da kam Bortscheller nun an, und zu meiner völligen Überraschung machte er auf der anschließenden Pressekonferenz im Millerntor-Hochhaus einen Vorschlag, den er zuvor mit keinem Wort angesprochen hatte. Zunächst kam das mir schon bekannte Lied von Hamburg als ungeeignetem Standort. Dann fuhr er fort, es sei doch endlich an der Zeit, das alte Kriegsbeil zwischen den beiden Hansestädten zu begraben und einen gemeinsamen Containerterminal in Bremerhaven zu bauen. Wir würden ihn den Hanse Terminal nennen, also den gemeinsamen Containerhafen der Hansestädte, und Hamburg könnte sich weiterhin auf den Stückgutverkehr konzentrieren.

Ich war völlig überrumpelt. Noch auf der Pressekonferenz entgegnete ich, das sei ein völlig falscher Weg. Aus Gründen des Wettbewerbs sollten möglichst viele Häfen Containerverkehr machen können, und man könne sich der Entwicklung ohnehin nicht entziehen. Denn, so führte ich in bescheidener Voraussicht aus, der Containerverkehr würde in Zukunft 60 Prozent des Stückgutverkehrs ersetzen. Mit dem Rest könne Hamburg als bedeutender Hafen nicht wirtschaften.

Am nächsten Tag waren die Zeitungen voll von dem Thema und äußerten sich zum Teil sehr negativ dazu. »Dieser Lokalpatriot Kern sieht nicht die große Chance der Vereinigung der beiden Hansestädte in einem gemeinsamen Projekt, um sich auf den Weltmeeren zu behaupten.« So in etwa. Ich musste mich richtig wehren. Es hatte nichts mit Lokalpatriotismus zu tun, sondern war eine Frage der vernünftigen Entwicklung, dass nämlich Verkehre besser in Ballungsbereiche gehen statt in solche Randbereiche wie Bremerhaven, wo es kein Hinterland gibt.

1970 haben wir dann die neue Hafenordnung eingeführt. Damit hatte es folgende Bewandtnis: Als wir feststellten, dass wir den Hafen noch einmal von Grund auf neu aufbauen müssen, bin ich zu meinem Kollegen, Finanzsenator Brandes, gegangen. »Hör mal zu«, sagte ich, »die hundert Millionen Mark, die ich im Jahr zur Verfügung habe, reichen nicht mehr. Wenn wir im europäischen Konzert der Hafenstädte mithalten wollen, brauche ich zweihundert Millionen.« (Zu diesem Zeitpunkt, müssen Sie wissen, baute die Stadt im Hafen noch alles auf eigene Rechnung. Das heißt, nicht nur die Kaimauern, auch die Krane und Schuppen stellte die Stadt und übergab sie dann der HHLA

in einem Pacht-Leih-Verhältnis. Ein sehr angenehmer Vertrag war das für die HHLA, sie zahlte nämlich nur dann Miete, wenn sie den Betrag auch verdient hatte.)

Der Finanzsenator wollte die neuen Mittel nicht bereitstellen, Bildung und der Bau neuer Schulen hatten Priorität. »Du kannst froh sein«, sagte er, »wenn du die hundert Millionen behältst.« Da saß ich dann mit meinen Mitarbeitern in der Wirtschaftsbehörde und machte ein langes Gesicht. Wir kamen recht bald darauf, künftig zwischen Infrastruktur und Suprastruktur trennen zu wollen, Letztere sollte dann von der Privatwirtschaft finanziert werden. Das ging natürlich nicht mit einer HHLA, die lächerliche zwei Millionen Grundkapital besaß, dabei aber als Staatsbetrieb den übrigen Firmen die Kaizungen und Liegeplätze zuwies. Die neue Hafenordnung mit einer privatisierten HHLA verlangte nach einer ordentlichen Finanzausstattung der künftigen Gesellschaft, für die aber immer noch keine Mittel im Haushalt zur Verfügung standen.

Erster Containerzug im Hafen: Zusammen mit dem Bundesbahnpräsidenten Professor Dr. Oeftering verabschiedet Wirtschaftssenator Helmuth Kern den ersten Containerzug am Burchardkai im Mai 1968. Die Anbindung des Hamburger Hafens an das deutsche und europäische Schienennetz beseitigt einen Wettbewerbsnachteil gegenüber der sogenannten »Rheinschiene«.

Nun fanden wir einen ganz figelienschen Weg: Wir vereinbarten für die HHLA Mietfreiheit auf 25 Jahre, und diese Mittel kapitalisierten wir. Das kann man bilanzrechtlich so machen. Plötzlich stand in der HHLA-Bilanz ein Eigenkapital von 105 Millionen Mark und darauf konnten wir abschreiben, das war der Punkt. Über diese Abschreibungen konnten wir dann neu investieren.

Mit dieser Lösung haben wir zugleich tatsächlich den Anstoß für enorme Investitionen der Hafenwirtschaft gegeben. Zu den hundert Millionen an Steuermitteln gesellten sich innerhalb weniger Jahre weitere zweihundert Millionen Mark an Investitionen von privatwirtschaftlicher Seite. Kein schlechter Erfolg, nicht wahr? Nach einem Jahrhundert Hamburger Staatswirtschaft stellte die neue Hafenordnung einen säkularen Vorgang dar. Ich habe mich nie nur als HHLA-Mann gefühlt, sondern immer als Hamburger-Hafen-Mann oder als Hafen-Mann überhaupt.

Ob im Senat oder später im HHLA-Vorstand, meine Devise war stets: »Mich interessiert nicht, was dagegen spricht. Zeigen Sie mir Wege auf, wie wir es machen können!« Wie ich dabei persönlich gut über die Runden gekommen bin? Meine Arbeitstage habe ich in Hemdsärmeln verbracht, das war das Erste morgens im Büro: Jacke ausziehen. Und dann habe ich über den Tag verteilt so fünfzehn Tassen Kaffee getrunken. Heute hat sich das völlig geändert, da passe ich mehr auf so was auf.

Aber jetzt verrate ich Ihnen noch etwas ganz anderes. Was ich geworden bin, habe ich zwar gern gemacht, aber es hat sich eigentlich nur so ergeben. Mein ursprüngliches Lebensziel war gewesen, Schriftsteller zu werden. Zu Hause bewahre ich, sorgfältig verschlossen, Gedichte und Novellen aus meiner Zeit als junger Mann auf. Prosa in Versen, an Rilke orientiert.

JONGLIERT MIT KNACKEN UND CONTAINERN:
Lasch-Vize Holger Keil

EIN LASCHER HAT EINE wichtige Funktion im Hafen, er kümmert sich darum, die Ladung auf Schiffen zu sichern, damit sie nicht verrutscht. So werden auf einem Containerschiff beispielsweise Riegel in die Eckbeschläge der Boxen gesetzt, um eine Box an Deck zu befestigen oder zwei Boxen miteinander zu verbinden. Zum Löschen müssen diese Riegel dann natürlich wieder geöffnet werden. All das macht der Lascher. Er hängt dabei in einem Laschkorb unter einer Containerbrücke, »fliegt« über die Boxenberge an Deck der schwimmenden Riesen und zieht mit langen Stangen an den richtigen Ösen der Twistlocks oder auch »Knacken«.

Lascharbeit wird traditionell auf den Terminals von Fremdfirmen ausgeführt. Für die HHLA ist auf dem Container Terminal Altenwerder heute unter anderen die Firma Carl Tiedemann tätig. Es gibt sie fast so lange wie die HHLA selbst, 1879 wurde sie in den Old Commercial Rooms an den Vorsetzen gegründet, und zwar als »Unternehmen für Schleppschifffahrt, Hafentransporte und Stauerei«. Ihr Motto lautet: »Dat geit nicht, dat giv dat nich!«

Gleich 1968, im Jahr der *American Lancer*, startete die Firma ihren Containerservice, weil auch die ersten Hamburger Kunden wie die Hapag und die Poseidon Lines in die Containerschifffahrt einstiegen. 1972 wurde ein qualifiziertes Container Depot am Ellerholzdamm im Herzen des Freihafens errichtet, zertifiziert vom Germanischen Lloyd, dessen Kerngeschäft eine Art Schiffs-TÜV ist. Auch der Stückgutumschlag ist als ein wichtiges Geschäftsfeld verblieben, etwa das Löschen der Kühlschiffe am Bananenschuppen gemeinsam mit der HHLA.

Holger Keil sitzt bei Carl Tiedemann nicht nur im Betriebsrat, sondern er ist dort auch der Vormann, »Viz«, unter den Laschern, also ein Lasch-Vize. Keil wirkt wie ein Mann, der mit einer Harley-Davidson zur Arbeit kommt. Er trägt schulterlange Locken, einen prächtigen Bart und hat ein breites Kreuz. Sein Händedruck vermittelt dem Gegenüber schnell das Gefühl, selbst nur mit einem kleinen »Patscherchen« ausgestattet zu sein – zum Glück ist er im Gespräch so offen und zugewandt, dass man, wenn man ihm in die Augen guckt, das beruhigende Gefühl hat: Dieser starke Kerl ist einer von den Guten.

Doch alles kann man nicht am weißen Resopaltisch beschnacken. Keil sagt: »Das muss man gesehen haben.« Helm und gelbe Weste leiht die Firma Tiedemann dem Besucher. Keil drückt ihm sein zweites Paar Sicherheitsschuhe in die Hand, schon geht

Laschen in den siebziger Jahren

48 JONGLIERT MIT KNACKEN UND CONTAINERN

Lasch-Vize Holger Keil an Deck der »MOL Competence« auf dem Terminal Altenwerder. Im Hintergrund befindet sich das Blocklager. AGVs (automated guided vehicles) sind auf dem Terminal eine Alternative zu herkömmlichen Van-Carriern. Sie stellen fahrerlose Plattformen dar, die Container zwischen Schiff und Lager befördern.

Anbringen von Sturm-Laschings: In den drei unteren Lagen werden Container an Deck zusätzlich gesichert. Die gekreuzten Stangen verbinden zwei Lagen von Containern neben der allgemeinen Sicherung durch sogenannte Knacken oder Twistlocks, Riegel in den Eckbeschlägen.

es mit dem kobaltblauen Betriebsratswagen über die Köhlbrandbrücke und hinüber zum Terminal Altenwerder. Dort wird gerade das Großcontainerschiff *MOL Competence*, Baujahr 2008, beladen und seine bunte Boxenfracht nach allen Regeln der Kunst gelascht. Das Schiff gehört zur Post-Panamax-Klasse, ist aber schon nicht mehr 17 Containerreihen breit wie die Post-Panamax-Schiffe des Jahrgangs 2007, sondern bereits 18 Reihen. Sein Tiefgang ist trotzdem nur 12,80 Meter – das rutscht gerade noch so über den Elbschlick. Schaut man in eine gähnend leere Ladebucht der *MOL Competence* und ist nicht schwindelfrei, kann man – trotz null Windstärken am Kai – durchaus seekrank werden.

WIE MAN LASCHER WIRD? Das ist kein Lernberuf, sondern Learning by Doing. Heute gibt es den Hafenfacharbeiter, aber bei uns in der Firma fangen weiter Gabelstaplerfahrer oder Zuckerbäcker an. Du startest als Kaitorte und nach zwei Jahren kannst du deinen Job. Die Vorleute und Inspektoren gucken, wie du dich anstellst. Ich selber habe Kfz-Mechaniker gelernt und bin Anfang September 1978 wegen der guten Bezahlung in den Hafen gegangen, immerhin hatte ich vier Kinder zu ernähren. Es war ein echter Sprung ins kalte Wasser, aber ich wusste sofort: Das ist das Richtige für dich. Warum? Hauptsächlich wegen der Freiheit. Du kannst dir deine Arbeit hier im Hafen selber einteilen, wenn du gut bist. Hauptsache, du schaffst die Menge deiner Laschings. So was kann man nie in einer Werkstatt haben.

Nach ein paar Jahren wurde ich gefragt, ob ich mir den Vormann zutrauen würde. Damals haben wir noch in erster Linie Stückgut gelascht, dabei ist Fantasie erforderlich. Wir arbeiteten am Dieselkai, der wurde in China-Terminal umbenannt, weil die Frachter am Kai alle aus dem Reich der Mitte kamen. Das stand auch auf Chinesisch überm Eingang. Auf der Rückfahrt hatten die Chinamänner Sackgut geladen, Erz, Sott, Papierabfälle. Sott, das ist ganz feiner Ruß, reinweg fürchterlich. Oder unten im Laderaum lag ein Haufen Grabbeleisen, das sind kleine Barren. Obendrauf kamen Lastwagen. Die Chinesen kauften Tausende von kleinen IFA-Lastwagen in der DDR, die wurden über Hamburg ausgeführt.

Alles Material zum Laschen ist letztlich teuer. Mit den Chinesen hatten wir besonderen Stress, sie bestanden ein ums andere Mal darauf, dass wir ihren alten Rennerdraht zum Laschen verwendeten. Mit Rennerdraht sind die Bordkräne bespannt gewesen. Die Chinesen kamen nach Hamburg und bei jedem zweiten Frachter monierte die deutsche Arbeitssicherheit, dass der Draht wegen Mängeln ausgetauscht werden müsse. Meinetwegen, die chinesischen Spleiße für ein Auge waren nur dreimal gesteckt, unsere Hamburger Spleiße mussten aber fünfmal gesteckt sein. Dann gaben uns die Chinesen ihren alten Rennerdraht zum Laschen, und der Kunde ist bekanntlich König. Die vielen gebrochenen feinen Drähte, es war höllisch. Du konntest Handschuhe tragen, das hat dir beim Hantieren nicht geholfen, die Hände waren nach der Schicht zerstochen.

Auf den Containerterminals ist mir das heute zu viel Stress, ich möchte dort nicht mehr als Vormann arbeiten, da sollen die jungen Leute ran. Früher war der Viz ständig an Bord, und der Inspektor hatte vier bis fünf Vize zu koordinieren. Im Containerzeitalter wurde der Viz zum »Terminator«. Er fuhr mit dem Bus alle Schiffe auf dem Terminal ab. In Altenwerder am Kai können heute mehr als 200 Standardcontainer pro Schicht und Brücke umgeschlagen werden, mein lieber Scholli. Jedes Schiff hat vier Brücken, und auf jeder Brücke sind mindestens zwei Leute von uns beschäftigt. Der

Der geübte Lascher verriegelt Patent-Knacken an Deck mit einem Fußtritt. Zum Entriegeln müssen die gelben Pins mit langen Haken erfasst und in den Eckbeschlägen der Container geöffnet werden.

Exportschlager der frühen siebziger Jahre: Umschlag von DDR-Lastkraftwagen der Marke IFA, die für die Volksrepublik China bestimmt sind, am Liegeplatz 1 und 2 Burchardkai. Vor der noch »jungen« DEMAG-Containerbrücke der ersten Generation werden hier LKWs auf das Motorschiff »Giancarlo Zeta« verladen.

Lascher entfernt die Knacken, wenn der Container abgesetzt wird. Oder er hängt sie ein, wenn der Container aufs Schiff soll.

Man kann sich gar nicht vorstellen, was für eine schwere Arbeit das ist, acht Stunden lang auf der Containerbrücke Patentknacken einzuhängen. Wir unterscheiden Decksknacken mit und Raumknacken ohne Verriegelungspatent. Im Raum unter Deck stapeln sich die Container in Zellschienen, da bestehen die Knacken nur aus einer Platte mit kurzen Bolzen nach oben und unten, die stecken dann in den Corner-Castings, und das langt. 40-Fuß-Container brauchen dort überhaupt keine Knacken, die werden bereits durch die Schienen gehalten. Decksknacken oder Twistlocks haben verschiedene Verriegelungspatente, je nach Reederei. Entsprechend brauchen wir unterschiedliche Stangen, um die Pins mit ihnen zu lösen. Wenn ein Schiff den Terminal anläuft, schicken wir einen Späher, der gibt Bescheid, womit wir arbeiten sollen.

Maximal ist die Länge einer Verriegelungsstange 3-hoch oder sogar 4-hoch Container, also fünf, sieben Meter. Irgendwann wird die Stange zu schwer, über dreißig Kilo, und das vielleicht noch bei Wind, und du arbeitest damit fast im Millimeterbereich an den Pins, das hält niemand durch. Wenn ich im Korb fliege, den Sicherheitsgurt eingepickt, über die Brüstung gebeugt und die Stange nach unten haltend, dann muss ich genau spiegelbildlich arbeiten, verglichen mit der Situation, dass ich an Deck stehe und die Stange über meinen Kopf recke. Im Notfall, wenn die Knacken klemmen, muss ich ranfahren und das Geschäft per Hand erledigen. Dafür gibt es Hammer und Dorn. Wichtig ist, dass keine Knacken beschädigt werden, die sind für sich genommen auch teuer, so hundert Euro pro Stück. Es kann auch mal ein Twistlock unter einem Container rausfallen, wenn der Brückenfahrer den Container in der Luft hat. Wenn das einer abbekommt, der keinen Helm auf hat, dann gute Nacht!

Nie unter schwebenden Lasten aufhalten! Bevor du mit dem Laschen beginnst: *Meister zeigen!*, wie wir das nennen. Meister ist der Brückenfahrer, er muss wissen, dass du da unten zugange bist. Bei Unfällen sind wir leider führend. Finger klemmen, Knie stoßen, in die Niedergänge fallen gehört zum Tagesgeschäft. Einmal hätte ich um Haaresbreite vier Finger verloren. Ich war hochgeflogen, stand im Korb und arbeitete mit der Laschstange, die hat oben so ein Querteil wie ein Gehstock. Plötzlich hakte die Stange unten an einem Knacken, und zugleich hob der Brückenfahrer den oberen Container eigenmächtig an. Meine vier Finger klemmten zwischen dem Stangengriff und dem Container. Ich schrie, aber das hat natürlich nichts genützt. Schließlich löste sich die Stange wieder vom Knacken, bevor die Finger ganz abgequetscht waren. Ich sagte nur: Bitte einmal Krankenhaus Altona! Dort haben sie mir die Fingernägel wieder angenäht und die Knochen in Form gedrückt. Harry Kühlmann hat mich dann beglückwünscht. Er selber hat da nur noch drei normale Finger gehabt. Letzte Woche habe ich mein dreißigjähriges Jubiläum gefeiert, hier, die Uhr von der Firma Tiedemann am Handgelenk ist ganz neu. Meine Finger sind alle krumm, verdreht, gequetscht, geklemmt. Aber es sind noch alle Finger dran, das ist hier ein echtes Highlight.

AUF TUCHFÜHLUNG MIT DER REEDERKUNDSCHAFT:
Gerd Drossel von der HHLA

WENN MAN ÜBER DEN Zollkanal in Richtung St. Annen geht, um einen Termin am Hauptsitz der HHLA wahrzunehmen, kommt man an einem Papierkorb vorbei. Diesen ziert ein bezeichnender Spruch: »Wenn ich groß bin, werde ich ein Container.« Was den Besucher hier kurz innehalten lässt, ist das Thema Wachstum: groß werden. Container und Wachstum sind ein Zwillingspärchen, zumindest in den vierzig Jahren, seitdem das erste Vollcontainerschiff den Hamburger Hafen und einen Terminal der HHLA angelaufen hat.

Jemand, der darüber so gut Bescheid weiß wie kaum ein Zweiter, ist HHLA-Vorstand Gerd Drossel, im Segment Container zuständig für den Bereich Vertrieb. Seit den Anfängen des Containerzeitalters bis in unsere Tage ist er an führender Stelle dabei und zimmert das kaufmännische Dach, unter dem die Arbeit auf den Terminals erfolgt. Er könnte, wenn er wollte, auf einer kaum fassbaren Wachstumskurve surfen, die vom ersten umgeschlagenen Container bis zu einem aktuellen Umschlag von zehn Millionen Einheiten pro Jahr im Hamburger Hafen reicht. Doch Drossel ist auf dem Boden geblieben und bemerkt dazu nur trocken: »Ich fand es spannend, die Entwicklung zu erleben. Das war 'ne richtig schöne Zeit.«

In seiner Funktion als Vorstandsmitglied für den Vertrieb wurde Gerd Drossel gelegentlich auch selber vermarktet, und so gibt es aus dem Jahr 1990 eine HHLA-Werbung mit Drossel, der einen Container unterm Arm trägt, mit der Schlagzeile: *Our boxer...* Damals wurde diese Anzeige weltweit in Fachzeitschriften geschaltet, und gelegentlich bekam Drossel auf seinen Geschäftsreisen von Stockholm bis Schanghai zu hören: »Ah, da kommt unser Mister Boxer!«

Der Besucher erinnert sich an ein Gespräch, das er im gegenüberliegenden Kaispeicher mit Wolfgang Hurtienne von der *Hamburg Port Authority* geführt hat. Der Hafenplaner sagte über den HHLA-Vorstand: »Drossel ist sicherlich einer der versiertesten Fachleute, die hier weit und breit rumlaufen. Einer, der sich im Containermarkt bestens auskennt und der auch die Argumente von den Scheinargumenten unterscheiden kann. Er weiß, wie die Reederkundschaft weltweit tickt und welche Kriterien dort gelten. Dadurch ist er für uns immer ein interessanter, aber auch schwieriger Gesprächspartner gewesen, weil er natürlich nicht das »hehre Ziel« hatte, uns Erkenntnisgewinn zukommen zu lassen, sondern die Interessen seines Unternehmens durchsetzen wollte.

Beginn des Containerzeitalters in Hamburg: Abfertigung der »American Lancer« am 31. Mai 1968 am Burchardkai

AUF TUCHFÜHLUNG MIT DER REEDERKUNDSCHAFT

In jedem Fall war Drossel aber immer fair und offen, und ich fand es spannend und auch lehrreich, mich mit ihm zu unterhalten. Meistens geschah das anhand von Projekten, aber manchmal ging es auch um allgemeinere Fragen: Wie sind eigentlich zukünftige Trends? Macht es Sinn, mit den Containerlinien weitere Fahrtgebiete zu erschließen? Von Drossel kam dann eine sehr fundierte Analyse, die mir auch bei meiner eigenen Arbeit geholfen hat, weil sie praxis- und marktorientiert war.«

Ein weiteres Vollcontainerschiff der United States Lines, die »American Lynx«, macht 1969 am Terminal in Hamburg fest. Dazu ist einer der ersten Van-Carrier im Einsatz.

1962 HABE ICH ALS Lehrling bei der HHLA angefangen. Als der Container dann bei uns Einzug hielt, war ich noch sehr jung. Ich hatte den Eindruck, dass die ältere Generation Schwierigkeiten hatte, zu erkennen, was da auf uns zukommt. Ich empfand die Containerschifffahrt als schick, als modern. Das war vielleicht auch der Grund, warum ich schon in jungen Jahren damit beauftragt wurde, mich um diese Box zu kümmern.

Schnell bin ich dann im Vertrieb gelandet, habe dort die Containeraktivitäten koordiniert und die ersten Verträge mit den Reedereien gemacht.

Vertrieb, das bedeutete zum einen die Vermarktung des Standorts Hamburg allgemein und zum anderen innerhalb des Standorts die Reeder davon zu überzeugen, ihre Dienste zur HHLA zu bringen, zum Burchardkai.

Die Entwicklung des Containerumschlags war aus Hamburger Sicht natürlich schon erkennbar, wir hinkten Rotterdam und Bremerhaven etwas hinterher. Obwohl offensichtlich war, dass diese Box eine große Bedeutung haben würde, hat man damals natürlich das Ausmaß der weltwirtschaftlichen Prozesse, die sie ausgelöst hat, noch nicht erkennen können.

Die erste größere Containerisierungswelle rollte bei uns mit dem Ostasien-Verkehr an. Hamburg war immer schon ein starker Ostasien-Standort. Für den Umschlag der Ladung der US-Armee war es damals nicht qualifiziert, das ging alles nach Bremerhaven. Weil die militärische Fracht für die US-amerikanischen Reeder aber ein wesentlicher Beitrag im Gesamttransport war, konnten wir keine deutlichere Position im USA-Verkehr einnehmen.

Es ist nie öffentlich diskutiert worden, welche NATO-Strategien dahintergestanden haben. Es gab aber Diskussionen darüber, dass die ersten 45 Kilometer bis zur Elbe als Rückzugsraum und Verteidigungslinie gedacht waren. Zumindest ist sehr deutlich, dass hier militärstrategische Aspekte eine große Rolle spielten.

Auch die lange Revierfahrt auf der Elbe war anfangs ein Problem, wenn man einen amerikanischen Reeder überzeugen wollte, Hamburg anzulaufen. Das ist nicht zu vergleichen mit der Situation heute, wenn wir uns die Distanzen beim Fernost-Europa-Verkehr angucken. Da hat die Revierfahrt natürlich eine andere Bedeutung als bei der USA-Fahrt. Es hat lange gebraucht, um die Lage Hamburgs als Vorteil herauszustellen.

Mit der Fernostfahrt nahm die Bedeutung des Lokalverkehrs zu, das heißt der Importwaren, die direkt für Hamburg und Umgebung bestimmt waren. So wurde es attraktiv, mit dem ökologisch und ökonomisch sinnvollsten Verkehrsmittel, dem Seeschiff, in ein Ballungszentrum und ein im Inland gelegenes Ladungszentrum hineinzufahren. 1984 haben wir Bremerhaven erstmals eingeholt, da machten beide Standorte jeweils eine Million TEU. Wo wir heute stehen, wissen Sie selbst, Hamburg macht zehn Millionen und Bremerhaven fünf und ein bisschen.

Was die Entgelte betrifft: Vor dem Vollcontainer-Zeitalter waren gelegentlich schon Container in Hamburg aufgetaucht. Das Problem war die Tarifierung: Wie muss man einen Container abrechnen? Zunächst hat man ihn wie eine Schwergutkiste behandelt. Ab dem Zeitpunkt, als der Vollcontainerverkehr anfing, konnte man natürlich mit dieser

Evergreen Marine Corporation, eine der größten Containerreedereien der Welt, läuft seit 1979 Hamburg als einzigen deutschen Hafen an. Vertragsverlängerung des Round-the-World-Containerservices 1994 bis 1999 (v.l.n.r.): Kapt. Grotepaust (Evergreen), G. Rörsch und G. Drossel (beide HHLA), Owen Wu (Präs. Evergreen Deutschland), H. Körs (HHLA) und K.-H. Klötscher (Evergreen)

Art von Entgelten nichts mehr werden. Ich habe dann besondere Regelungen für den Containerverkehr entwickelt.

Im Großen und Ganzen ist die Entgeltstruktur in den letzten zwanzig Jahren gleich geblieben, zumindest die Hauptbereiche haben sich nicht geändert. Ich wollte es gern so machen wie die Automobilindustrie, den Preis mit Nebenleistungen »veredeln«, das fand ich sehr kreativ. Aber so weit sind wir nie gekommen.

Die Verhandlungen mit den Reedern waren sehr unterschiedlich. Es gab Kunden, die ziemlich genau wussten, wie so ein Prozess abläuft, was der Terminal tut und wie die Leistungen zu bewerten sind. Die leichteren Verhandlungen fanden mit einem Gegenüber statt, das unser Produkt kannte. Schwieriger waren die Fälle, wo für Kunden der Umfang unserer Leistungen nicht recht durchschaubar war. Man erlebt da so einiges. Es kam auch mal vor, dass ein Verhandlungspartner weinte. Ich weiß nicht, ob das Strategie war, jedenfalls er hat geweint, ja. Da kommt schon was zusammen an Erfahrung, wenn man so viele Jahre an Verhandlungstischen sitzt.

Auch trinken musste man mit manchen Partnern. Dabei ging es aber nicht darum, bei der Verhandlung in bessere Stimmung zu kommen, das gehörte damals einfach zur Mentalität in bestimmten Ländern. Ich habe das nicht als berechnend empfunden, das war einfach ein bestimmter Lebensstil. Man war gut beraten, sich anzupassen – soweit es einem persönlich möglich war. Es kam schlecht an, wenn man sich entzog und abstinent war. Wie viel man trank, war nicht entscheidend, aber mittrinken, ja.

Ob die Elbvertiefung dringlich ist? Das ist keine Frage, sie ist längst überfällig. Wir haben in Hamburg oft damit zu tun, dass wir in Infrastrukturprojekten eher der Zeit hinterherlaufen. Die letzte Elbvertiefung, 1999 abgeschlossen, hatte einen Vorlauf von über zehn Jahren. Wir haben deshalb einige Chancen nicht realisieren können, weil der Markt sich hinsichtlich der Schiffsgrößen viel dynamischer entwickelt hat, als wir das hier am Standort abbilden konnten.

Schauen Sie sich die Kurve der Containerentwicklung an, da können Sie verfolgen, dass ab 1999 ein deutlicher Aufschwung einsetzte und sich die dynamische Kurve noch mal verstärkt hat. Wir müssen in Hamburg sehr lange über solche Infrastrukturprojekte diskutieren, ob das jetzt die Elbvertiefung ist oder die Hafenquerspange [Verbindung zwischen den beiden Nord-Süd-Autobahnen, die den Hamburger Hafen tangiert, Anm. d. Autors]. Hier sollten wir deutlich besser werden. Aber das ist nicht auf den Hafen beschränkt.

Wenn wir heute eine neue Eisenbahnstrecke bauen wollen – denken Sie an ICE-Strecken –, dann dauert das in Europa alles sehr lange. Und natürlich müssen wir uns ernsthaft darüber unterhalten, ob wir uns diese Zeitachsen leisten können. Wenn Sie nach China fahren, dann sehen Sie, dass dort innerhalb von kürzester Frist ein neuer Hafen entsteht, ein neuer Flughafen oder eine neue Verkehrsanbindung.

Und wenn es jetzt eine Abschwächung aufgrund des derzeitigen weltwirtschaftlichen Dilemmas gibt, dann haben wir vielleicht die Zeit, um die Rückstände aufzuholen, sodass wir aus der Not eine Tugend machen können. Es wäre fatal, wenn das ein Signal dafür wäre, unsere Infrastrukturprojekte jetzt anzuhalten oder zu verzögern. Das wäre die ganz falsche Botschaft.

Wenn ich so auf mein Arbeitsleben zurückblicke, kann ich sagen: Ich fand es immer spannend, von der ersten Box 1968 bis heute, wo wir etwa zehn Millionen TEU im Jahr umschlagen. Jede Periode innerhalb dieser vierzig Jahre hatte ihre Besonderheiten und Highlights. Das war eine richtig schöne Zeit, diese vierzig Jahre im Containerverkehr. Und zehn Millionen Boxen sind doch auch ein ganz würdiger Abschluss.

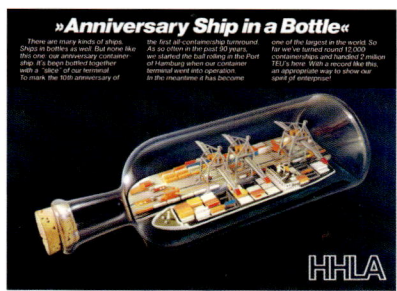

HHLA-Anzeige: Modernes Buddelschiff

In Fachzeitschriften weltweit geschaltete HHLA-Werbung: Our Boxer

KLEINER KLAPS FÜR DEN KAPITÄN:
Hafenlotse Jürgen Wiese

WIE HAT UNS EINST das Märchen gelehrt? Zur Schönheit im Schlossturm gelangt man nie auf einfachem Wege, immer gibt es Hindernisse und Gefahren zu überwinden. Mit Hamburg, der Schönheit an der Elbe, verhält es sich genauso. Wo im Märchen die guten Geister den Helden auf seiner Reise begleiten und beschützen, sind es auf dem Weg nach Hamburg die Lotsen, die neben dem Kapitän auf der Brücke stehen. Sie leiten ihn mit gutem Rat und genauer Kenntnis der örtlichen Gegebenheiten sicher bis zu seinem Ziel.

Die Lotsen sind in Brüderschaften organisiert. In der Epoche des Containers, der elektronischen Seekarte und des GPS scheint dies wie ein Überbleibsel aus der Welt der Brüder Grimm. Jeder Abschnitt des Weges hat seinen eigenen guten Geist, im Märchen wie auf dem Schiff. Draußen auf der Nordsee bei Elbe 1 kommt der Seelotse an Bord. Er bleibt bis Brunsbüttel, wo der Nord-Ostsee-Kanal abzweigt und sich der Mündungstrichter der Elbe verengt. Dort wird er dann vom Elblotsen abgelöst, der bis zur Hamburger Landesgrenze nahe Blankenese zuständig ist. Nach ihm wiederum kommt der Hafenlotse an Bord.

Wer als Kapitän von besonders weit her in Richtung Hamburg unterwegs ist, nimmt manchmal bereits einen Überseelotsen aus dem Englischen Kanal mit. So halten es zum Beispiel die Chinesen mit ihren Großcontainerschiffen, aber vorgeschrieben ist das nicht. Jede Schifffahrtsnation hat ihren eigenen Charakter – der Lotse kann ein Lied davon singen. Unruhe und Besorgnis nehmen auf dem Schiff oft zu, je näher man dem (fremden) Hafen kommt. Wie die Landung eines Flugzeugs ist nämlich auch das Anlegemanöver eines Schiffes der schwierigste Part der Reise. Jeder Kapitän und jede Nation geht anders damit um. Nach drei Jahrzehnten im Dienst weiß der Hafenlotse Jürgen Wiese deshalb genau, dass er nicht nur sein Revier kennen muss, sondern auch seine Pappenheimer auf der Kommandobrücke.

ICH BIN ALS DECKSJUNGE vier Jahre vor dem Mast gefahren, von 1958 bis 1962. Dann ging ich zur Seefahrtsschule in Hamburg, machte mein Patent und fuhr anschließend als Steuermann. Wir hatten schon sogenannte Container an Bord, aber die waren nicht zu vergleichen mit den heutigen, das waren würfelförmige Behälter auf Rollen, in denen Güter von Haus zu Haus befördert wurden. Meine Reederei war Harald Schuldt, und Anfang der siebziger Jahre sagte unser Reeder auf einer Betriebsversammlung:

Geschafft! Gut vertäut liegt das Containerschiff am Burchardkai. Die weitere Bewegung erfolgt nun an Land.

Der Lotse geht an Bord: Die Jakobsleiter wird am Containerschiff heruntergelassen. Augenblicke später setzt der Lotse über.

»Niemand weiß, ob sich die neuen Container jemals durchsetzen werden.« Schuldt machte einen klassischen Kompromiss, er bestellte eine Flotte von Kombischiffen in Polen; unter Deck war herkömmliches Stückgut, auf Deck standen Container.

Ich fuhr damals für Schuldt als Erster Offizier, aber auf einem Bananendampfer in Amerika: nach Costa Rica, Nicaragua und von der Pazifikküste durch den Panamakanal zur Golfküste der Vereinigten Staaten. Eines Tages musste der Kapitän dringend nach Deutschland fliegen, so bin ich mit 29 Jahren sein Nachfolger geworden. Mein Berufsziel war allerdings von jeher Lotse gewesen, schon mein Vater war Hafenlotse in Hamburg. 1972 wurde ich Aspirant und absolvierte für ein halbes Jahr eine Art Lehr- und Probezeit, um das Revier, die Hafengesetze und die Lotsenpraxis kennenzulernen.

In den 33 Berufsjahren, die ich als Lotse verbracht habe, sind unsere Arbeitsbedingungen im Hafen wesentlich schwieriger geworden. Der Lotse muss mit den Strömungen arbeiten. Von den siebziger Jahren bis heute hat sich der Tidenhub im Hafenrevier von 2,60 Meter auf 3,60 Meter erhöht. Das will schon was heißen.

Nach meinem Dafürhalten liegen die Ursachen dafür in der Begradigung des Flusslaufs, den früheren Elbvertiefungen und wohl auch in der Klimaveränderung. Im Vergleich mit der offenen See haben die Gezeiten auf der Elbe nicht dieselbe Dauer. Die Flut läuft fünf Stunden auf, die Ebbe zieht sieben Stunden ab. Während die Ebbe einen gleichmäßigen Verlauf nimmt, ist die Flutströmung zu Anfang am stärksten, deshalb darf in der ersten Stunde Flut im Revier auch nicht gefahren werden.

Wenn ein Schiff vom Elbfahrwasser in das Hafenbecken abbiegen soll, laufen im Schnitt drei Knoten Strom. Dazu kommen mindestens zwei Knoten Eigenfahrt, damit das Schiff manövrierfähig bleibt. Im Hafenbecken selber gibt es einen Wirbel, den gilt es zu beachten. Ein Großcontainerschiff mit fünf Knoten Fahrt auf engstem Raum zu handeln ist eine enorme Herausforderung. Die gängige Schiffsgröße hat sich in meiner Zeit von 150 Meter auf 350 Meter erhöht! Gegenläufig dazu ist der Platz zum Manövrieren sogar etwas geringer geworden, weil die schmalen Kaizungen im Hafen verschwunden sind und die Containerstellplätze Wasserfläche abgeknapst haben.

Zur Strömung addieren sich die Windverhältnisse – voll beladene Containerschiffe bieten eine große Angriffsfläche. Bei 6-hoch gestapelten Boxen segeln die Schiffe schon ganz schön. Man braucht Gefühl auf der Kommandobrücke und ist doch nicht jeden Tag der Gleiche. Das Wichtigste ist, dass man als Lotse keine Angst haben darf. Ich habe in meiner Laufbahn keine größeren Havarien verursacht, nur einmal habe ich auf der Lotsfahrt mit dem Steven den Kai berührt, weil das Schiff Maschinenausfall hatte. Glück gehört bei einer guten Bilanz auch dazu.

Die meisten Kapitäne von Containerschiffen im interkontinentalen Verkehr können nicht manövrieren, ihnen fehlt schlicht die Erfahrung, denn manövriertechnisch passiert auf See überhaupt nichts. Auf hoher See geht es tage- und wochenlang nur geradeaus. Im Hafen heißt es am Ende immer: Schlepper! Schlepper! Und beim Anlegen zittern die Kapitänskollegen dann auf der Brücke. Es genügt nicht, die Stoppstrecke und den Drehkreis im Simulator kennenzulernen, zu viele spezielle Faktoren spielen zusammen: Strom, Tiefgang, Geometrie des Hafenbeckens, Größe der Schiffsschraube, vielleicht ist das Schiff ein starker Rechtsdreher... Hinter der Köhlbrandbrücke ist der große Drehplatz für die Schiffe, die für den Container Terminal Altenwerder bestimmt sind. Wenn wir uns anschließend mit dem Bug Richtung Elbe dem Kai nähern, kommt

es sehr darauf an, wer neben mir auf der Brücke steht. Die Arbeit erfordert eine Balance in der Art und Weise, wie die Verantwortung praktisch ausgeübt wird, denn formal ist der Lotse nur Berater, die Befehlsgewalt trägt weiterhin der Kapitän. Gute Seemannschaft verlangt, dass bei dem Manöver vorne am Bug ein Matrose steht und die Distanzen zum Kai ausruft. Weil die Seeleute aber Angst haben, bekommt man auf der Brücke regelmäßig zu geringe Distanzen genannt. Sie rufen vielleicht zehn Meter aus, wenn der Schiffskoloss sich der Kaimauer nähert, doch in Wahrheit sind es noch zwanzig Meter. Wir alle sind winzige Menschen angesichts dieser Dimensionen. Ich verlasse mich dann auf die Leute von den Schleppern, die vorn und achtern das Schiff halten und mir per Sprechfunk meine Abstände durchgeben.

Wie steuert nun der Kapitän durch die Situation auf der Brücke? *British Captains* verhalten sich neutral und loyal, sie lassen mich meine Arbeit tun. Andere sind nicht so gelassen. Nehmen wir an, ich bin gerade auf einem chinesischen Containerschiff.

Revierfahrt eines Großcontainerschiffes auf der Elbe: Es braucht die ganze Erfahrung eines Lotsen, um die einwirkenden Kräfte von Strom und Wind auf den Kurs des Riesen in einer engen Fahrrinne richtig einzuschätzen. Eine Steigerung der Dimensionen erscheint kaum noch vorstellbar. Am schwierigsten ist der Abschluss der Fahrt: das Anlegemanöver im Hafen.

Die Backbordseite des Riesen schiebt auf den Kai zu, der Mann am Bug ruft seine geringe Distanz aus und dem Kapitän bricht der Schweiß aus. Er gibt Bugstrahlruder, damit sein Riesenbaby nicht an die Kaikante donnert. Dabei hat er gar nicht mitbekommen, dass ich dem Schlepperkapitän per Sprechfunk meine Anweisung gegeben habe: »Gib mal 'n büschen Steuerbord!« Bevor mir der Kapitän mein Manöver kaputt macht, kriegt er rasch einen Klaps auf die Hand, damit er die Finger von seinem Bugstrahlruder lässt. Da guckt er schon mal komisch.

Ich habe Glück, dass mir die Manöver liegen. Bei den Lotsen ist der Grad der Nervenstärke auch unterschiedlich, man muss sich bei jedem Manöver zugleich einen Ausweg suchen. Wenn man die Natur nicht im Griff hat, verliert man. Einmal habe ich den *Bulk-Carrier Hoegh Hill*, ein 340-Meter-Schiff, aus dem Hansaport-Hafen ins Elbfahrwasser gelotst. Der Ebbstrom war stärker als die vereinte Kraft von drei Schleppern und drohte das Schiff ans Ufer zu drücken. Ich hatte nur einen Ausweg, rückwärts in den Köhlbrand zu schlüpfen. Da muss man beherzt umschalten.

2005 erhielt ich den Auftrag, die *Queen Mary 2* im Hamburger Hafen zu lotsen. Das war die pure Freude. Die *Queen Mary 2* hat so extrem viel Maschinenkraft – weitaus mehr als ein Großcontainerschiff –, die braucht keinen Schlepper. Beim Drehen auf der Elbe hatten wir gerade noch 13 Meter Platz zwischen dem Dock von Blohm + Voss am Südufer und den Landungsbrücken auf der Nordseite. Genau genommen waren es hinten neun und vorn am Bug vier Meter. (Wem das nichts sagt, der möge sich mal ein Bild von der *QM2* anschauen.) Im Sprechfunk hatte ich eine völlig aufgeregte HPA [Hamburg Port Authority, Anm. d. Autors]: »Nehmen Sie Schlepper! Schlepper!« Aber das war gar nicht nötig.

Mittlerweile bin ich pensioniert und fahre wieder als Kapitän zur See. Als Lotse hat man mich zwangsweise in den Ruhestand geschickt, aber als Kapitän kann ich so lange ein Kommando haben, wie es meine Gesundheitskarte zulässt. Übermorgen steige ich in den Flieger, um ein Feederschiff, also ein regionales Containerschiff, auf Malta zu übernehmen. Ich mag die Sonne, deshalb fahre ich im Winter das warme Dreieck Malta – Tunis – Sizilien. Gelegentlich geht es auch in den Suezkanal und bis ins Schwarze Meer. Dort muss auch ich Lotsen an Bord nehmen, für die habe ich RP dabei. Das ist unser Kürzel für »Repräsentation«, und das ist ein Deckwort für – nun ja, für was wohl? Zigaretten. Brüderschaft hin oder her, ohne eine Stange Zigaretten dampft meinen Kollegen da unten niemand davon.

SCHWIMMKRÄNE, ELEFANTEN UND STAUPLÄNE:
Disponent Wolfgang Hartmann

WOLFGANG HARTMANN IST EIN Urgestein der HHLA. Es heißt, er habe noch das Wasser im Hafen mit eingelassen. Durch die verschiedenen Stationen seines Berufslebens hindurch hat er die Revolution des Güterumschlags im Containerverkehr begleitet. Am Terminal Burchardkai arbeitete er zuletzt als Disponent. Bis zu seiner Pensionierung im Jahr 2000 war er an der Digitalisierung und Automation der Befrachtungstechnik beteiligt. Wenn Hartmann spricht, meint man, den Sang und Klang der Elbe rauschen zu hören. Selbst englische Ausdrücke und das Fachvokabular der Logistik und Ökonomie haben einen »Hamborger Sound«, und der klingt so selbstverständlich, als ob er von jeher zu Jan und Hein und Klein Erna gehören würde. Dem Zuhörer vermittelt das mitten in diesem unüberschaubaren Hightech-Gewerbe ein beruhigendes Gefühl von Bodenständigkeit.

Die Lehrerin in der Grundschule, die seine Enkelin Lara besucht, tadelt: »Von wegen Wasser einlassen! Dein Opa soll mal nicht so aufschneiden, der Hamburger Hafen ist 800 Jahre alt.« Aber der Opa weiß, wovon er spricht. Er war schließlich dabei, als der Waltershofer Hafen für den Umbau abgesperrt und ausgepumpt wurde, um die Kaimauern für die neuen großen Containerschiffe zu ertüchtigen. Und am Ende hat er mit seinen Kollegen auf dem Burchardkai gestanden und ein Handzeichen gegeben, damit die Elbe wieder an die Kaikante stieß – na bitte!

Wolfgang Hartmann hat erlebt, wie »die Hardware«, also die Schiffe und das sie bedienende Ladegeschirr, ins Gigantische wuchs. Statt der Waren, um die er sich kümmern soll, sieht der Planner (sprich: Plänner), wie der Disponent im Hafenjargon heißt, heute nur noch Gebirge aus Stahl. Hartmann kann sich aus den Anfängen seines Berufslebens aber auch noch daran erinnern, wie die deutsche Handelsmarine lebendige Elefanten transportierte.

MIT DER MS BRAUNFELS KAMEN wir 1960 nach Bombay, dem heutigen Mumbai. Da haben wir für den alten Vokelmann, den bekannten Hamburger Tierfänger, 22 indische Elefanten an Bord genommen. Ein paar schwarze Panther waren auch dabei. Als Leichtmatrose war ich für die Panther zuständig und habe für die Tierchen während der Überfahrt jeden Morgen ein Viertel Zeburind aus der Tiefkühltruhe geholt. Um die Elefanten kümmerte sich extra ein indischer Elefantenboy. Auch wir Matrosen

Burchardkai 2008: Containerumschlag von einem Post-Panamax-Schiff zum Van-Carrier, der die Boxen vom Kai aufnimmt, um sie ins Lager zu transportieren.

Befrachtungstechnik 1960: Umschlag von indischen Elefanten an Bord der »MS Braunfels«, Mumbai (Bombay). Dasselbe Ladegeschirr kam am Ende der Reise in Hamburg zum Einsatz.

haben uns um die Tiere gesorgt und ihnen frisches Stroh in die Verschläge auf dem Deck getan, wo sie an die Relingstützen gekettet waren. Als Europa in Sicht kam, ist dennoch eines der Tiere krank geworden. Wir dachten, er hat sich verkühlt, und wir haben ihm einen Eimer mit zehn Litern Zuckerwasser zurechtgemacht, in das wir noch eine Buddel Rum gaben. Leider hat es nichts geholfen, da haben wir das tote Tier in die Nordsee gekippt. Kurz darauf hat dann ein englischer Fischer im Ärmelkanal den Kadaver im Netz gehabt – das war wohl der Schock seines Lebens. Tat uns leid, als wir über Seefunk davon hörten. Dann kamen wir mit der *Braunfels* nach Hamburg. Beim Schuppen 80 am Hansakai haben wir die Elefanten mit der gleichen Befrachtungstechnik gelöscht, die wir schon in Bombay angewendet hatten: Wir haben ihnen ein Ledergeschirr untergeschnallt und sie mit dem Schiffskran an Land gehievt.

Ab 1962 hatte ich gelegentliche Jobs auf dem Kai als Schauermann, ging zwischendurch aber auch zur Seefahrtsschule und machte mein Steuermannspatent. Danach heuerte ich auf dem Schwimmkran an und schipperte für die HHLA durch den Hafen. Wir wurden häufig gebraucht, denn die Kräne von Kampnagel oder Kocks, die auf den Kais standen, konnten selten mehr als drei Tonnen heben. Wir bewegten die Kolli, also Frachtpartien von Schwergut ab zehn Tonnen. Tag und Nacht haben wir die Liegeplätze angesteuert und nebenbei auch die ersten Container von den konventionellen Schiffen runtergenommen.

Bis zu zwanzig Container konnte der Schwimmkran SK 4 selber an Bord stapeln. Das war überaus nützlich, denn beim Entladen mussten zugleich die Container für fremde Häfen von Deck der Frachter gehievt werden. Heute unvorstellbar, war das natürlich eine tüddelige Sache. Aber Container standen am Anfang ausschließlich oben an Deck, und man musste an die Luken ran und sie aufmachen können, um an die Stückgutladung zu kommen.

Am Schuppen 76, in der Nähe der Argentinienbrücke, legten die »Karstadt-Dampfer« an, wie sie bei uns im Hafen genannt wurden. Frachter aus Fernost, die alles Mögliche geladen hatten: Bekleidung, Fotoapparate, Büromaterial, Schuhe, Zirkel. Das gab ein Riesenwuling auf dem Kai. Wir arbeiteten nach einem Frachtbuch, »Wahrsager« genannt, das enthielt die Verzeichnisse, wie viele Kartons oder Säcke zu einer Partie gehörten. Oft haben wir mit dem Wahrsager in der Hand warten müssen, bis eine Partie komplett war. Der Wahrsager flüsterte uns: »Fünfzig Kartons mit Hemden für Peek & Cloppenburg«, aber die kamen ja nicht auf einmal zutage, da waren vielleicht drei, dann fünf oder wiederum nur einer, je nachdem, in welcher Luke gearbeitet wurde. War schon irre damals, verglichen mit dem perfekt organisierten Boxenumschlag späterer Zeiten.

Der Schwimmkran war ein toller Job, vor allem wegen der Kameradschaft. Trotzdem, ich wollte weiterkommen. 1968 hatte ich eine Eingebung und ging an Land, um in der Technischen Werkstatt 14 auf dem Burchardkai zu arbeiten. TW 14 war ein fester Begriff in der Containerreparatur. Die Reparaturtruppe wurde von den bekannten Maschinenmeistern Rolf Behrens, genannt »Body«, und Karl Knoth, genannt »Kuddel«, geleitet. Ich machte für Body und Kuddel im Reparaturtrupp TW 14 die kaufmännische Seite und fungierte als Abrechner vor Ort gegenüber den Kapitänen und Reedereien. TW 14 gab es noch bis Mitte der neunziger Jahre, dann wurde daraus SCB – das Servicecenter Burchardkai.

Nach fünf Jahren ging ich als Disponent »zurück an die Wasserseite«, also in den Umschlagbetrieb. 1974 gab es bereits zehn Containerbrücken am Bu'kai. Der Mehrzweck-Umschlag, wir sprechen da im Hafen von »multi purpose«, wurde langsam, aber sicher zurückgedrängt. Das waren bei uns am Kai traditionell die Verschiffung von Gasröhren und der Roll-on/roll-off-Verkehr. Im Ro-Ro-Verkehr ging es hauptsächlich um

Befrachtungstechnik 2008: Der HHLA-Schwimmkran III setzt den restaurierten Van-Carrier Nr. 26 auf den Kai des Hafenmuseums. VC 26 ist das älteste noch funktionsfähige Fahrzeug seiner Art, Baujahr 1971. Die Geburtsstunde dieses heute weltweit für den Containertransport auf den Terminals eingesetzten Fahrzeugtyps schlug 1968 im Hamburger Hafen. Die Peiner Maschinen- und Schraubenwerke AG lieferte den ersten von ihr entwickelten »Peiner Portal Hubwagen« (PPH). Im Juni 1991 hatte der VC 26 nach knapp 40.000 Betriebsstunden ausgedient. Für den regulären Betrieb dürfte er heute nicht mehr eingesetzt werden, da er moderne Lärmschutz- und Abgasvorschriften nicht erfüllt.

68 SCHWIMMKRÄNE, ELEFANTEN UND STAUPLÄNE

Burchardkai 1988: Disponent Wolfgang Hartmann vor einem Hapag-Lloyd-Containerschiff der dritten Generation

den Autoexport. Damals bekamen wir ein echtes Problem mit der Grimaldi-Linie. Ihre Autoverschiffung brauchte viel zu viele Stellplätze auf dem Terminal. Wir kalkulierten, dass wir, wenn wir auf die Exportauto-Parkplätze stattdessen Container stellen würden, mehr Geld verdienen könnten. Gerd Drossel und ich flogen dann eines Tages nach London zum Stammsitz der Reederei, um Grimaldi aus dem Bu'kai hinauszukomplimentieren.

Gerd Drossel war zu der Zeit bereits einer der beiden Leiter des Vertriebs im Bereich Container bei der HHLA. Dann hatten wir Kapitän Clemens Raabe als Terminalleiter am Bu'kai vor Ort. Und dort gab es noch meinen Kollegen, den zweiten Disponenten, das war Dirk Seevogel. Klar, dass wir in der Kantine einen Schnack daraus machten, wir nannten sie »die drei Raubvögel«.

Der Disponent oder Planner ist am Terminal der Verantwortliche für das gesamte Schiff, er kümmert sich um alles, was mit Löschen, Laden oder sonst wie mit dem

Schiff zu tun hat, also auch um das Klarieren der Papiere. Nehmen wir als Beispiel die Trimm- und Stabilitätsrechnungen, das war später eine besondere Herausforderung für den Planner. Man muss immer wissen, wo der Schwerpunkt eines Schiffes liegt. Wenn man bei der Beladung unprofessionell vorgehen würde, könnte sich der Schwerpunkt so ungünstig verschieben, dass ein Schiff Gefahr liefe, bei einer großen Welle nicht wieder hochzukommen. Es würde sich auf die Seite legen – und aus. Eine andere wichtige Aufgabe des Planners ist es auch, dem Kapitän und den Verantwortlichen im nächsten Hafen genaue Angaben zu liefern, mit welchem Tiefgang das Schiff in Hamburg abfährt. Schiffsplanner sind von der Ausbildung her meist Nautiker.

Ich würde sagen, Mitte der siebziger Jahre, als unsere geschätzten »Raubvögel« am Bu'kai tätig waren, wurde es langsam ein Vollcontainerterminal.

Hundertste Abfertigung eines Containerschiffes der Evergreen Lines in Hamburg im Oktober 1986. V. l. n. r. Holger Hoffmann (Makler, Leiter von Continental Seaways am Burchardkai), Vorstand Continental Seaways, Kapitän der Evergreen Lines, Gerd Drossel (HHLA-Vertrieb), Fred Will (technischer Abfertigungsleiter Burchardkai), Wolfgang Hartmann (Disponent)

DER KAPITÄN AUF DEM TERMINAL:
Clemens Raabe

CLEMENS RAABE FUHR AB 1953 zur See. Als Kapitän auf großer Fahrt wechselte er im April 1968 zur HHLA im Hamburger Hafen, um Terminal Operator auf dem Burchardkai zu werden. Der Seemann mit Patent und BWL-Diplom half an maßgeblicher Stelle mit, die Revolution des Güterumschlags durch die Containerisierung in die Praxis umzusetzen. Das *Hamburger Abendblatt* schrieb 1970: »Clemens Raabe ist einer der jungen und agilen Manager der HHLA, die auch nach außen hin deutlich machen, wie sich dieses traditionsreiche und früher so unbewegliche Unternehmen in den vergangenen Jahren in seiner inneren Struktur gewandelt hat.« Kein Zufall, war doch 1970 das Jahr des Umbruchs, seitdem sich die HHLA durch eine neue Hafenordnung dem Wettbewerb mit anderen Firmen an der Kaikante stellen muss.

1978 ging Raabe in die Zentrale der HHLA, wo er für Vertrieb und Marketing zuständig war. Zuletzt beackerte er ein weiteres Tätigkeitsfeld der Gesellschaft, die *Hamburg Port Consulting*. So kann es geschehen, dass Clemens Raabe bei einem Kaffee auf den Magellanterrassen in der neuen Hamburger HafenCity sitzt und nicht nur über Container spricht, sondern auch über seine Beratungstätigkeit im Hafen von Sansibar am Rande des Indischen Ozeans. Wie von selber verführt die Hafenluft dazu, die Gedanken auf große Fahrt zu schicken. Magellan war unter den ersten Europäern, die vor 500 Jahren Sansibar auf der Suche nach Gold und Gewürzen betraten. Damals allerdings sparte man sich noch das mühsame Beratungsgeschäft und eroberte die Häfen ohne viel Federlesens, um sie den eigenen Zwecken dienstbar zu machen. Die Zeiten ändern sich, gottlob, *Utandawazi* ist das neue Kiswahili-Wort für Globalisierung.

WARUM ICH ALS KAPITÄN an Land ging, um dort meinen Berufsweg fortzusetzen, ist rasch erklärt: Mitte der sechziger Jahre war mein Fahrtgebiet hauptsächlich die Ostküste der USA. In den Häfen von New York bis hinunter zum Golf von New Orleans war die Präsenz des neuen Transportmediums Container nicht zu übersehen. Ich habe mir gesagt, der Boxenverkehr wird die Seefahrt gravierend verändern. Das reizte mich als Kapitän eines herkömmlichen Stückgutfrachters der Hapag und es lag mir, bei der Durchsetzung des Boxenverkehrs in Europa neue Herausforderungen anzunehmen.

Es hat im Wesentlichen zwei Gründe, warum der Leiter eines Terminals an Land ebenfalls ein Kapitän ist. Der Ansprechpartner für den Terminal Operator ist nicht in erster Linie die Reederei, sondern der jeweilige Kapitän des Schiffes an der Kaimauer,

Erste Containerbrücke im Herbst 1967 am Liegeplatz 3: Der Ausleger wird vom HHLA-Schwimmkran eingehängt.

Clemens Raabe, Leiter des Vertriebs, begrüßt 1976 eine Delegation von Hafenfachleuten aus Nigeria im HHLA-Hauptgebäude St. Annen.

und dieser möchte ein ebenbürtiges Gegenüber haben. Auf einem Containerterminal hat sich die Verantwortung des Logistikbetriebs verschoben und entsprechend haben sich die Beziehungen der Akteure in der See-Transportkette grundlegend gewandelt. Der Terminal Operator wurde zum echten Partner des Reeders und des Abladers respektive Spediteurs, statt ein simpler Erfüllungsgehilfe zu sein. In den Reedereien kannte ich alle wichtigen Ansprechpartner. Gemeinsam haben wir dann nach Lösungen für die unterschiedlichsten Probleme gesucht, zum Beispiel, wie das Aufkommen des aufwendigen Port-Port-Containerverkehrs verringert werden konnte, das anfangs 30 Prozent unseres Umschlags betrug. Im reinen Haus-Haus-Verkehr haben Sie dagegen nur einen einzigen Kunden, den Reeder. Der Operator hat einerseits in Abhängigkeit von den binnenländischen Transportbeteiligten zu disponieren, zugleich aber auch zur kritischen Zufriedenheit des Reeders die optimale Beladung seines Schiffes zu planen.

Früher endete der Arbeitsbereich des Lademeisters an der Kaikante und für die Beladung im Schiff waren die Stauereifirmen zuständig. Heute gibt es den Stauer in dieser Form nicht mehr. Ebenso wenig wie den Tallymann, der Art und Menge der Güter zählte und für den Soll-Ist-Vergleich zuständig war. Im Containerverkehr wissen wir nicht mehr, was eine Box an Gütern beinhaltet, wir kennen nur ihr Gewicht. Der Terminal transportiert den Container vom Lager aufs Schiff, und entsprechend muss der Operator etwas vom Trimmen, vom Verhalten bei schwerem Wetter und von den Stabilitätsbedingungen eines Schiffes verstehen. Anders gesagt: Es ist wichtig, dass man die gleiche Sprache wie die Schiffsführung spricht.

Die Anfänge des Containerumschlags am Burchardkai 1967 noch mit konventionellem Kran

Die Arbeitsteilung hat sich parallel zum Verkehrsaufkommen folgendermaßen entwickelt: Die Lademeister betreuen die Feederschiffe, das sind die kleinen Zubringer etwa aus den Ostseehäfen. Sie verteilen und sammeln die transkontinentalen Ladungen in den Küstenregionen bis hinauf nach St. Petersburg. Für die Vollcontainerschiffe im Überseeverkehr haben wir innerhalb weniger Jahre zehn bis zwölf Disponenten eingestellt. Die Schiffe der ersten Generation hatten eine Kapazität von 780 bis 1.000 TEU und fuhren im Nordamerikaverkehr. Auf der Route nach Australien wurden recht bald Containerschiffe wie die *Sydney Express* mit 1.660 bis 1.800 Standardcontainern (TEU) eingesetzt. Man muss sich vergegenwärtigen, dass es bereits nach zwei weiteren Jahren die nächste Generation mit einer Kapazität von 3.600 TEU gab, die gelöscht und geladen werden wollten, vor allem die japanischen Reedereien wie MOL oder NYK, aber auch Evergreen aus Taiwan. Und das war keineswegs wohlgeordneter Bedarf in einem einzigen Hafen, das wäre denn doch zu einfach. Kühlcontainer mit Zitrusfrüchten aus Südafrika beispielsweise wurden erst auf dem Seeweg verkauft und manchmal sogar weiterverkauft, bevor sie Europa erreichten, und die Bestimmungshäfen wechselten entsprechend kurzfristig.

Der beste Computer kann nicht den Disponenten am Ort des Geschehens ersetzen. Wir sagten damals: Der Computer kennt die Uhrzeit, aber er weiß nicht, wie spät es ist. Das größte Defizit in der Logistikkette bestand für uns um 1975 noch darin, dass der überwiegende Teil der Exportcontainer den Seehafen unangemeldet und verschiffungsanonym erreichte. Unser Disponent war der Dreh- und Angelpunkt dafür, dass ein Containerschiff auch bei Nichteinhaltung des Container-Annahmeschlusses am Kai termingerecht nach Fahrplan wieder auslief. Denn grundsätzlich gilt: Ein Schiff verzögern, das kann man sich nie leisten. Das macht man einmal, zweimal, dann läuft der Reeder einen anderen Hafen an.

Ich musste wiederum oft an Bord und mit dem Kapitän sprechen, wenn ein Schiff auslaufen wollte und sich die Abfahrt aus unvorhersehbaren Gründen doch verzögerte. In den Diskussionen auf der Brücke traf ich dann die nötigen Absprachen, damit die zusätzlichen Liegekosten vom Reeder hinterher nicht dem Terminal angelastet wurden. Natürlich unternahmen wir alles Erdenkliche, um Termine akkurat einzuhalten, und das rund um die Uhr. Wenn es enger wurde, musste eben noch schneller gearbeitet werden. Die Schichten am Wochenende waren freiwillig, aber die gute Entlohnung im Wochenend- und Feiertagstarif und der Teamgeist auf dem Terminal wirkten zusammen, sodass wir in allen Schichten genügend Männer hatten. Der Leiter des Terminals hat für seinen Bereich in etwa die gleiche Stellung wie der Kapitän an Bord. Aber es gibt einen Unterschied: Auf dem Schiff kann ich anordnen, im Hafen muss ich überzeugen.

Für den Ausbau des Terminals und das optimale Handling der Container existierte kein Masterplan, sondern es war ein stetiges Learning by Doing. Für uns gab es am Anfang nicht einmal ein Betriebsgebäude, sondern wir waren in Baracken untergebracht. Eines Tages hatte ich ein denkwürdiges Erlebnis, da erschien der Oberförster bei mir im Büro, in schmucker Uniform und mit einer doppelläufigen Flinte über der Schulter, und teilte mir mit, er müsse von Amts wegen das Niederwild an Liegeplatz 5 und 6 zählen. Dort lagen noch Schrebergärten, wo später die großen Packhallen gebaut wurden. Insofern gab es nie einen Zeitpunkt, an dem wir uns zurücklehnen konnten, weil die gesteckten Ziele erreicht waren. Wir befanden uns eben im Zentrum einer wirtschaftlichen und technologischen Revolution. Gerd Drossel kam aus dem Stückgutbereich hinzu. Was ich im operativen Bereich machte, das leistete er auf der wirtschaftlichen Seite.

Mit großen Schritten ins Containerzeitalter: Umschlag am Burchardkai 1969

EDV 1970: Erst Schritte in der elektronischen Datenverarbeitung auf dem Terminal

Im Kontakt mit den Reedereien ging es um Ratengestaltung und die Produktivitäten des Umschlags. Aus vielen verschiedenen Frachtraten entwickelte sich ein neuer Tarif: die Box-Rate. Früher gab es beispielsweise einen Wert-Mengen-Tarif. Ein Sack Kakao kostete mehr im Kaitarif als ein Sack Kaffee, weil der Wert höher war. Mit der Box-Rate hatten wir nun einen Tarif, wo es gleichgültig war, ob der Container drei oder dreizehn Tonnen wog.

Unterm Strich hat die neue Technik keine Probleme in der Belegschaft verursacht, sondern sie hat im Gegenteil dabei geholfen, traditionelle Sozialfragen des Hafens zu lösen. Bei uns waren die alten Recken unter den Hafenarbeitern noch willkommen, doch Muskeln waren nicht mehr gefragt. Wir haben die Leute umgeschult, und anschließend verdienten sie am Terminal pro Schicht mehr, als sie am Schuppen erreichen konnten. Streiks gab es in meiner Zeit auf dem Burchardkai keine.

Es ist richtig, die Seefahrt hat mich nie ganz losgelassen. Ich habe in meinem Berufsleben öfter daran gedacht, erneut zu wechseln und selber als Kapitän ein Schiff zu übernehmen. Als junger 4. Offizier bin ich mit der *MS Coburg* den Magellan-Törn gefahren, auf der Meerenge durch Patagonien und die Anden zur Westküste Südamerikas. Es gibt kaum etwas Beeindruckenderes auf der Welt als diese Passage mit dem Schiff durchzufahren, ein Hochgebirge in der See.

Doch letztendlich war für mich die fehlende Seefahrt kein Problem, ich bin dann halt im Urlaub wieder als Kapitän auf Containerschiffen unterwegs gewesen.

DER MEISTERDREHER:
Siegfried Fenger

SIEGFRIED FENGER HAT SEIN gesamtes Berufsleben als Maschinenbauer und Dreher im Hafen verbracht. Als er seinen Meisterbrief machte, schickten ihn die Ausbilder der Handwerkskammer zum Hamburger Hauptbahnhof, damit er sah, welche hohe Kunst im Metallbau möglich ist. 1959 hatte er als Lehrling bei der Schiffsreparatur Heinrich Habermann begonnen. Als Geselle wechselte er zur Norderwerft am Reiherstieg, die ebenfalls Schiffsreparaturen und kleinere Neubauten durchführte. Ein Jahr lang schaute er sich dann auf Montage im Hafen um, bis er 1965 das Unternehmen fand, das zu ihm passte: die HHLA.

Auf der Norderwerft hatte Fenger einen Stundenlohn von 1,43 Mark bekommen, in der Hauptwerkstatt der HHLA waren es ungefähr 20 Pfennig mehr. Das schien zunächst keine erhebliche Steigerung zu sein, doch der entscheidende Unterschied lag in der Struktur der Entlohnung. Bei der HHLA gab es den Schichtlohn, das hieß ganz oder gar nicht. Wer über die erste Schicht hinaus arbeitete, weil vielleicht der Frachter am Kai fertig entladen oder ein Kran wieder zum Laufen gebracht werden musste, erhielt die gesamte zweite Schicht bezahlt, auch wenn die Ladung dann nach zwei weiteren Stunden gelöscht und damit Feierabend war. In der Praxis bedeutete das oft stundenlange Schwerstarbeit – »das war schon 'ne Nummer« –, aber es lief auf einen guten Verdienst hinaus.

Fenger steht auf dem Kai am Schuppen 50, er trägt ein kariertes Hemd, einen akkuraten Scheitel und hat volle graue Haare. Während er seine modische Sonnenbrille abnimmt, lacht er und sagt: »Da kamen dann die Vorstände und zeigten auf ihre Hafenarbeiter und schüttelten den Kopf. ›Guck mal, was die für Autos fahren!‹«

Leute wie ihn muss man heute jenseits der Wohlstandsgesellschaft suchen. Der Maschinenbauer im Ruhestand kann noch aus einer Konservendose einen Ofen machen oder einen Luftfilter oder eine Dichtung für einen Hydraulikschlauch. Wenn er etwas richtig blöd findet, dann sind es Austauschteile nach dem Muster Plug & Play, dazu möglichst mit einer Herstellergarantie versehen. »Heute«, sagt er und lacht nicht mehr, »will niemand Verantwortung für seine Arbeit übernehmen.« Mit Fenger unterhält man sich am besten rund um eben diesen Schuppen 50, das künftige Hafenmuseum. Es bewahrt die alte Technik, vom Schwimmkran über den frühen Van-Carrier bis zum Prototyp des Spreaders, auf. »Aber wo sind die Ersatzteile und wo ist das praktische Wissen geblieben?«, beklagt sich Fenger. »Unser fantastisches Ersatzteillager für die alten Rüben wurde für lächerliche Pfennige zum Verschrotten gegeben, und wenn

Am Terminal Burchardkai liegt die »Parsifal« der französischen Reederei CMA CGM. Das Großcontainerschiff des Jahres 2008 fasst rund zehnmal so viele Standardcontainer wie die ersten Schiffe.

jemand in Ruhestand geht, der wirklich was vom Handwerk versteht, fragt niemand sein Wissen ab und bewahrt es auf. Das ist, als ob eine ganze Bibliothek abbrennt.«

Fengers Tonfall ist hamburgisch, aber wenn es um dieses Thema geht, redet er sehr fix. Es kommt einem vor, als würde er davongetragen von seinem Stoff und seiner Liebe zum Tüfteln und Fixen von Schrott.

OFT SAHEN WIR DRECKIGER aus als die Schauerleute. Und Arbeitsschutz war kein Thema im Hafen, die Leute waren kaputt. Sie arbeiteten mit Asbest und Zement, in Öl und Schiet, es gab dabei weder Schutzkleidung noch Unterkünfte mit Waschbecken oder Duschen. Nach der Schicht haben sich die Leute im Rinnstein gewaschen oder sind dreckig, wie sie waren, nach Hause gefahren. Zur Abluftreinigung beim Schweißen gab es für mich auch nichts an Vorkehrungen. Wer gut ausgebildet war, hat selber auf sich geachtet.

Die HHLA-Hauptwerkstatt lag an der Amerikastraße, die ist heute nicht mehr da. Das war am Dessauer Ufer, die Landzunge mit den Schuppen 30 bis 40. Dort arbeiteten Handwerker der unterschiedlichsten Berufe zusammen, Tischler, Zimmerleute, Klempner oder eben Maschinenbauer und Dreher wie ich. Wir erledigten alles, was anfiel oder umfiel, ohne Kompromisse. Aus den Gießereien bekamen wir Metallblöcke geliefert, aus denen haben wir Kurbelwellen und andere Maschinenteile für Pumpen, Kräne oder Hilfsdiesel gedreht und geschliffen.

Ein paar Waschgelegenheiten hatten wir da schon, aber nie genug. Um 15 Uhr lag die Seifendose vom Altgesellen auf dem Waschbecken, und wehe, so ein Junggeselle war bei Schichtende fixer und stand als Erster davor. Dann tippte ihm der Altgeselle auf die Schulter: »Dat is miene Schüssel hier! Siehst du wohl!«

Ab 1965 habe ich für die Hauptwerkstatt quasi auf Montage auch erste Reparaturen auf dem Burchardkai durchgeführt. Da war ich mit Fahrrad und Werkzeugbeutel unterwegs und stieg dann vor Ort auf die Kräne. Glücklicherweise bin ich »höhen- und kopffest«, wie wir dazu sagen, also mir wird nicht schwindelig. Meine Anfahrtszeit auf dem Fahrrad war meist länger als die Arbeit selber. Damals gab es die Köhlbrandbrücke noch nicht, und ich musste mit dem Rad auf der Trajektfähre übersetzen. Das war eine Vier-Spindel-Fähre für den Tidenausgleich, damit die Lastwagen und mein Rad stets auf ebener Erde an Land kamen.

Das Thema »Fegsel« kenn ich auch. Bei der Arbeit im Freihafen war man auf die Gnade des Zöllners angewiesen. Ich war kein Hafenarbeiter und hatte kein Fegsel von Tabak oder Rosinen in der Tasche, aber ich hatte meine eigene Zange, die ich mit zur Arbeit nahm, eine Wasserpumpenzange. Das ist ein patentes Allroundwerkzeug, damit

Eröffnung der Fruchtsaison 1977: Umschlag von Kühlcontainern der israelischen Reederei ZIM

Umschlag von Stückgut mit Gabelstaplern in den siebziger Jahren

konnte ich die Muttern lösen, was kneifen, was drücken, was bewegen. Die Zange hat mir unheimlich weitergeholfen, statt dass ich ein ganzes Bündel an Werkzeug mitnehmen musste. Es gab ja auch nicht diesen Überfluss aus den Baumärkten an jeder Ecke. Ich habe meine Wasserpumpenzange gehütet wie der Uhrmacher seine Uhr. Ja, und jeden Tag nach Schichtende, wenn der Zöllner in meine Tasche guckte, war da so 'n Moment: »Seggt he nu wat?« Aber irgendwie sah ich wohl aus wie jemand, der eine eigene Wasserpumpenzange hat.

Kranführer zu sein, das war ein Job bei Wind und Wetter, und genauso war es für uns bei den Reparaturen. Mit Glück hatte man auf dem Kran einen Ofen mit Koks, da haben wir im Winter erst mal tüchtig Feuer gemacht, bevor wir die Werkzeuge auspackten. Wattierte Winterkleidung oder Ähnliches gab es nicht, das war dein eigenes Thema. Wir haben zwei Pullover übergezogen, und dann haben wir uns warm gearbeitet.

Ein spezielles Kapitel für die Kranfahrer waren alte Kräne mit ungeheizten Kanzeln. Was denn tun bei minus zwanzig Grad auf einer Vier-Stunden-Schicht, hoch oben in der frischen Luft? Die Männer wussten sich zu helfen. Die alten Kräne wurden elektrisch betrieben. Wenn er also mal wieder vor Kälte zitterte, ist der Kranführer mit dem Hubkontroller gegen die Bandbremse gefahren. Als Autofahrer kann man sich das so vorstellen: Man gibt Gas und tritt gleichzeitig aufs Bremspedal – da laufen die Bremsbacken heiß. Beim Kran erhöhte sich dadurch der elektrische Widerstand in den Spulen, der starke Strom floss nicht zum Arbeiten ab und die Schaltkästen heizten sich angenehm auf. Damals waren die Kanzel und das Maschinenhaus in einem Kran nicht getrennt, folglich kroch die Wärme dem Kranführer wohlig in den Rücken.

Ein besonders kniffeliger Auftrag? Wir hatten nur solche Aufträge. Ende der siebziger Jahre haben wir die Hubgetriebe der ersten Containerbrücken repariert, was man uns nie zugetraut hätte. Dazu mussten wir komplizierte Zahnradberechnungen anstellen. Manche Brücken sind zwischenzeitlich verkauft oder ersetzt worden, aber die anderen waren im zehnjährigen Betrieb verschlissen, und die Lieferzeit der DEMAG für Ersatzgetriebe sollte vier Monate dauern. Das war natürlich für den laufenden Containerumschlag auf dem Terminal eine unmögliche Frist, deshalb ist einmal wieder die Truppe von der Hauptwerkstatt angetreten.

In all den Berufsjahren habe ich mich ständig weitergebildet. Von der Werkstatt kam ich in die Technische Verwaltung der HHLA, da war ich als technischer Zeichner tätig. Anfang der siebziger Jahre habe ich meinen Meister als Maschinenbauer gemacht, 1975 bis 76 eine Zusatzausbildung zum SF (das ist keine Science-Fiction, sondern der Schweiß-Fachmann). Das lief stets neben der Arbeit in Abendkursen, etwa an der Schule Goetheallee, die ist für Hamburger Meister aller möglichen Handwerksberufe ein Begriff. Es war alles selbst zu bezahlen, hast du einen Antrag beim Arbeitsamt wegen Qualifikation gestellt, wurde der abgelehnt. Ich wollte weiterkommen und bin dann 1980 zusätzlich Refa-Fachmann geworden, das war ein Kursus des Reichsverbands für Arbeitsstudien mit den Schwerpunkten Arbeitsvorbereitung, Kalkulation und Fremdvergabe.

Die Umschlagtechnik hat sich parallel zur Einführung des Containers entwickelt. Die HHLA und besonders wir von der Hauptwerkstatt sammelten im praktischen Betrieb das entscheidende Wissen. Nehmen wir den Chromnickelstahl: Wer würde schon vermuten, dass Milchsäure der schlimmste Feind des Qualitätsstahls ist? Also wenn ein Fässchen Sauerkraut im Container ausläuft, dann gute Nacht!

Ab 1995 wurde ich Leiter der Van-Carrier-Werkstatt auf dem Burchardkai. Dort habe ich mit Gerd Drossel, dem kaufmännischen Terminalleiter, gut zusammengearbeitet. Einmal kam er zu mir in die Werkstatt und beschwerte sich: »Ihr kriegt zu wenig Geräte fertig!« Ich konterte: »Ihr fahrt zu viel kaputt!« Dann habe ich zu ihm gesagt, er solle sich einen Blaumann anziehen und mit mir auf den Van-Carrier klettern, um die alte Rübe zu inspizieren. Drossel war sich nicht zu schade dafür. Flexibilität in der Arbeitsvorbereitung war wichtig, wir mussten da sein, wenn die Geräte standen, nicht wenn sie arbeiteten.

Auf den Containerschiffen, die am Terminal lagen, waren wir das Notfallkommando, wenn sich ein Container in der Zelle unter Deck verklemmt hatte. Die wirklich heiklen Dinge erledigte der Reparaturtrupp nach der ersten Schicht, wenn die »Offiziellen« vom Terminal weg waren. Auf den Schiffen dürfen nämlich grundsätzlich keine Brenn- und Schneidarbeiten ausgeführt werden, schließlich hat niemand eine Ahnung, wel-

Siegfried Fenger: Besuch im Hafenmuseum Schuppen 50 im August 2008. Die ersten Greifer für Container wurden von einem Helfer unter dem Kran per Hand mit Seilen justiert und verriegelt.

che Fracht genau die umstehenden Container beinhalten. Vielleicht lagern hinter der Containerwand, vor der man gerade mit dem Schweißbrenner hantiert, ein paar nicht deklarierte Dynamitstangen. In der zweiten Schicht haben wir dann den Notfallort mit feuerfesten Matten eingekleidet und uns ans Werk gemacht. Nicht dass die Offiziellen wie Kapitän Hans Köhrs dumm gewesen wären, im Gegenteil, nur wollte es dann wohl niemand so genau wissen. Und Not kennt kein Gebot. Manchmal ging nichts vor und nichts zurück, und die Containerbrücke hing plötzlich am Haken statt umgekehrt. Was aber, wenn nun die Ebbe einsetzte und das Schiff mit seinem verklemmten Container die Brücke nachzuziehen begann? Bevor die Brücke vom Kai kippte, haben wir unter Deck die Seile gekappt.

Ausgeschieden bin ich im April 2007, nach 43 Arbeitsjahren. In dieser langen Spanne habe ich weder einen schweren Unfall erlitten noch einen Todesfall oder Schwerverletzten mit verursacht. Glück und Können halten sich bei dieser Bilanz wohl die Waage. Man erschrickt schon mal, wenn man zu einem Kran gerufen wird, an dem sich der Fahrer die eigene Kugel in die Kanzel geknallt hat. Wie man sich das vorzustellen hat? Über dem Kranhaken sitzt die schwere Kugel, die hat jeder mal gesehen. Der Fahrer dreht den Ausleger in eine Richtung und bremst nicht elegant oder er macht eine komische Gegenbewegung. Und schon kommt die Kugel angesaust. Boing! Die Kranfahrer sind auch nicht alle gleich, das ist wie mit Autofahrern, es gibt gute und schlechte. ⬛

LEITER DER LEERE:
Stephan Biehl managt das Leercontainerlager

STEPHAN BIEHL KAM 1978 als Lehrling zur HHLA, Berufsziel Blechschlosser. Dreißig Jahre später ist er Betriebsleiter der Containerreparatur und des nagelneuen Leercontainer Depots auf dem HHLA Container Terminal Tollerort (CTT). Das Datum der offiziellen Inbetriebnahme war der 20. Oktober 2008.

Ob man mit dem Fahrrad aus der City zum Terminal kommen kann? Einen Versuch ist es wert. Der Radweg vom Alten Elbtunnel in St. Pauli zum Tollerort ist das pure Vergnügen, wie sich schnell herausstellt. Für einen Hamburger, der seinen Hafen liebt, hält er lauter spannende Ansichten und Eindrücke parat. Mal riecht es nach Diesel, mal nach Pfeffer, mal dröhnen die Trucks mit ihren Containern vorbei, mal swingt ein Saxofon... Moment mal, ein Saxofon? Der Besucher fährt gerade unter einer lärmenden Schnellstraße entlang, die sich auf Betonstelzen über seinen Kopf hinzieht. Rechter Hand liegen die Gleise der Hafenbahn, ein paar Meter weiter nach Steuerbord geht's ab ins nächste Hafenbecken. Infrastruktur pur, könnte man sagen. Kann es wirklich sein, dass er hier ein Saxofon hört?

Tatsächlich, da steht ein weiteres Rad und da eine Thermoskanne, und ganz hinten in einer Nische unter der Brücke steht ein Saxofonspieler mit langen blonden Haaren und einem olivfarbenen Parka und übt. Bloß jetzt nicht stören, wer sich hierher zurückzieht, will seine Ruhe haben, das ist klar. Außerdem hat der Besucher ja einen Termin auf Tollerort.

Stephan Biehl erwartet ihn schon am Gate 2 des Terminals. Er fährt einen schwarzen Dienstwagen mit rotem Blinklicht auf dem Dach. Die Begrüßung ist angenehm informell. Das Blinklicht ist keine Angeberei, sondern dient schlicht der eigenen Sicherheit, denn achträdrige Van-Carrier auf ihren haushohen Rahmen rollen hier ebenso über die Asphaltflächen des Depots wie die kaum minder dimensionierten *reachstaker* für den Leercontainertransport. (Letztere darf man sich als eine Art monströsen Gabelstapler vorstellen.) Biehl: »Die Gefahren lauern immer und überall.« Er ist auch der Fachmann für Arbeitssicherheit vor Ort. Heute sind die Van-Carrier wenigstens mit Kameras ausgerüstet, die dem Fahrer in seiner Kabine, 12 oder 16 Meter über dem Boden, im Prinzip eine Rundumsicht via Monitor erlauben.

Noch etwas anderes interessiert den Besucher, was er im ersten Anlauf drüben am Terminal Buchardkai nicht in Erfahrung bringen konnte: Wie teuer ist ein Reifen für diese Übergrößen? Biehl nickt und grinst: »Die Exemplare an den kleineren Reach-

Containerreparatur 1978: Halle auf dem Burchardkai

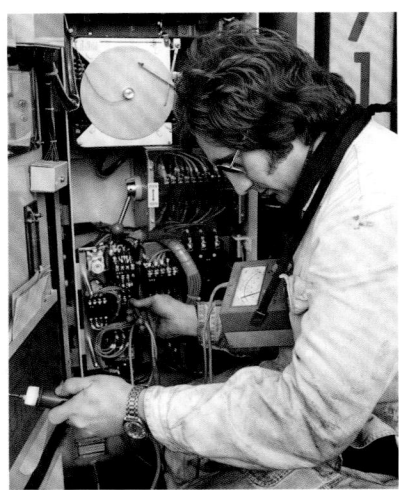

Containerreparatur 1978: Begradigung einer Containerwand

Containerreparatur 1978: Überprüfung eines Kühlcontainers. Der Elektriker wurde von seinen Kollegen »John Lennon« gerufen.

stakern kosten 2.500 Euro pro Stück. Können Sie sich vorstellen, was ich fluche, wenn ich hier auf dem Gelände einen rostigen Nagel entdecke?«

Tollerort ist eine klassische Kaizunge, Hafenbecken rechts und links, und die Spitze reicht bis an den Strom, bildet also ein Stückchen Elbufer. Der Betriebsleiter kutschiert den Besucher über das weitläufige Depotgelände, das von einer Gleisanlage geteilt wird. Die linke Seite – in Längsrichtung vom Gate zur Elbspitze gesehen – ist der sogenannte Trocken-Vorstau, rechts befindet sich der Nass-Vorstau. Auch im Nass-Vorstau braucht der Betriebshandwerker allerdings keine Gummistiefel, denn die Hafensprache ist hier nicht wörtlich, sondern vielmehr logistisch zu verstehen. Die Box aus dem Nass-Vorstau geht auf das Schiff, Trocken-Vorstau ist für Truck und Bahn bestimmt. Die HHLA beherrscht den sogenannten trimodalen Verkehr, leere Container können wahlweise von Schiffen, Bahn oder Truck ins Depot gebracht und wieder abgeholt werden.

Über den Bahngleisen in der Mitte arbeiten drei Transtainer, im Endausbau werden es fünf sein. Transtainer sind Portalkräne, also mächtige Tore mit einem Greifer unter dem Torbogen. Es gibt sie überall dort im regulären Betrieb, wo Container mit der Bahn umgeschlagen werden. Aber im Leercontainerlager haben sie die erweiterte Fähigkeit, eine Box etwa aus dem Trocken-Vorstau über die Gleise hinweg in den Nass-Vorstau zu hieven, falls die Box von Land auf ein Schiff wechseln soll. Oder der Transtainer hebt die Box von einem Bahnwaggon in den Trocken-Vorstau, und der Reachstaker befördert sie weiter ins Lager. Bitte das ganze Gerede noch einmal für Normalverbraucher, möchte man da manchmal sagen.

BEVOR ICH ALS JUNGER Mensch bei der HHLA anfangen konnte, musste ich einen ganztägigen Eignungstest mitmachen, schrauben, Draht biegen, aber auch allgemeine Fragen aus Handel und Verkehr beantworten. Wir waren der erste Jahrgang, der in diesem gewerblichen Bereich ausgebildet wurde, vorher waren es nur kaufmännische Lehrlinge gewesen. Ein Jahr verbrachten wir im Hamburger Ausbildungszentrum in Barmbek, das von Hein Gas, der Hochbahn und der HHLA gemeinsam betrieben wurde, damals die klassischen städtischen Betriebe. Danach war ich am Burchardkai zur Ausbildung und dann in der Speicherstadt, wo wir mit einem Handkarren unterwegs waren, um Kleinaufträge zu erledigen. Dort gab es noch Schmiede, das waren die reinsten Kunsthandwerker. Die konnten aus Kupferrohren Teekessel und Vasen treiben. Einer hatte es auf die Spitze getrieben, er fertigte aus Pfennigen perfekte kleine Kessel.

Nach diesen vielseitigen Stationen kamen wir Lehrlinge bereits in die Containerreparatur. Das war die Hölle schlechthin. Unsere Gruppe hatte eine klare Meinung: Da wollen wir nicht hin! Doch der Ausbilder meinte nur zu uns: Zu spät! Wie man sieht, habe ich meinem ersten Eindruck nicht nachgegeben, im Gegenteil, und bin bis heute im Reparaturbetrieb tätig. Ein wenig muss ich darüber lachen. Aber es war gewöhnungsbedürftig, eben eine sehr schwere und dreckige Arbeit. Unsere Hämmer hatten ein Gewicht von fünf bis zehn Kilogramm, um verbeulte Wände der Stahlboxen wieder herzurichten. Wir hatten mit Brennen und Schweißen zu tun, jeden Mittag erhielten wir einen halben Liter Milch, die sollte die Schadstoffe binden, die beim Schweißen entstehen. Wer pfiffig war, hat sich eine Staubmaske umgebunden. Nach acht Stunden in der Werkstatt war die Maske schwarz. Das gab mir ganz schön zu denken, was wohl alles in die Lunge geht.

Heute tragen die Männer in unserer Werkstatt Schweißhelme, in denen die Luft gefiltert wird. Ein Gebläse saugt die Frischluft an und presst sie durch einen Schlauch in den Helm. Der reicht bis zur Brust und ist nach unten offen, dort entweicht die Atemluft. Jedes System muss praktisch zu handhaben sein und darf nicht bei der Arbeit behindern (egal, wie gut gemeint es ist), sonst wird es von den Leuten nicht angenommen. Reparatur ist heute Akkordarbeit. Vor zwanzig Jahren hatten wir zum Beispiel acht Stunden Zeit dafür, Querträger an den Bodenrahmen eines Containers anzuschweißen. Mittlerweile muss das in 40 Minuten geschehen, dabei hat sich an den Arbeitsabläufen nichts Grundsätzliches geändert. Es sind die Kunden, die uns das Messer auf die Brust setzen, sie wollen nur noch bestimmte Beträge zahlen, sonst gehen sie woandershin.

Bis 1986 gab es auf dem Container Terminal Burchardkai zwei Technische Werkstätten: TW 13 war die Van-Carrier-Reparatur, TW 14 die Containerreparatur. Dann wurde daraus die Zentralwerkstatt. Bei der Arbeit dort habe ich gedacht: Das kann's noch nicht gewesen sein. Bei immer gleichen Abläufen haben ich mich schnell gelangweilt. 1988 wurde ich Vorarbeiter, wir hatten eine Kolonne mit eigenem Werkstattwagen und haben im ganzen Hafen repariert. Schließlich sagte Rolf Behrens, unser technischer Leiter auf dem Terminal, zu mir: »Stephan, mach den richtigen Schlossermeister!«

Es war enorm anstrengend, manchmal weiß ich nicht, ob ich es noch einmal machen würde. Abendkurse und jeden Urlaub habe ich für weitere Fortbildung genutzt. Meine Familie hat mich dabei allerdings sehr unterstützt. Und die HHLA hat sich mit 50 Prozent an den Kosten beteiligt. 1996 war die Meisterprüfung, und dann habe ich bald darauf den Leitungsposten meines Förderers Rolf Behrens übernommen.

Irgendwann wurde aus dem Werkstattleiter ein Betriebsleiter, das war ein schleichender Prozess. Im letzten Jahr ergab sich dann die Chance, an einem ganz neuen Projekt mitzuwirken, was meinem Naturell entspricht. Wir haben hier auf Tollerort im Depot nur »frische« Mitarbeiter. Das macht einen unheimlichen Spaß, meine praktischen Erfahrungen den jungen Leuten zu vermitteln, die vorher nichts mit dem Hafen zu tun hatten. Ihre Motivation ist für mich das wichtigste Kriterium bei der Einstellung, was sie vorher gearbeitet haben, interessierte mich nicht übermäßig.

Wenn die Arbeit stimmt, dann stimmt auch das Betriebsklima. Einmal hatten wir hier einen sehr warmen Sommer, da habe ich als Viz auf dem Werkstattplatz überlegt: Was kann man machen, um sich zu erfrischen? Wir haben einen 40-Fuß-Container auf die Seite gelegt und halb mit Wasser gefüllt. Jede Mittagspause haben wir darin Wasserball gespielt. Das ging so einen Monat, ohne dass unser oberster Chef, Herr Leiber, das mitbekommen hätte. Eines Tages lief ein Rinnsal über den Boden, und er fragte, was das zu bedeuten habe. Klarer Fall, wir machten gerade eine Dichtigkeitsprüfung.

Doch nun vom Burchardkai und dem Wasserball zurück zum Tollerort. Kommt der Container mit dem Truck, passiert er am Eingang das Check-Gate. Dort prüfen wir den Container auf Einsatzfähigkeit und entsprechend wird er im Lager eingestaut, ganz nach dem Motto: Die guten ins Töpfchen, die schlechten ins Kröpfchen. Das ist der Grob-Check: Stimmt das Raummaß? Sind die Türen richtig verriegelt? Haben die Wände keine Löcher und sind die tragenden Teile okay? Ein Container ist nicht mehr einsatzfähig, wenn die Seitenwand mehr als 70 Millimeter nach innen steht. Das prüfen wir nach Augenmaß, den Blick dafür haben wir allemal. Schäden, die durch Containerbrücken verursacht werden, kann man gut erkennen, wenn die tragenden Teile geknickt sind. Bei Wellenschlag wiederum ist typischerweise eine große Fläche eingedrückt. In unserer Praxis sind Türdichtungen und Verriegelungen die neuralgischen Punkte. Rostschäden sind dagegen eher selten, weil die Container im Verhältnis nicht mehr lange in Gebrauch sind. Der Preis für Standardausführungen ist derart

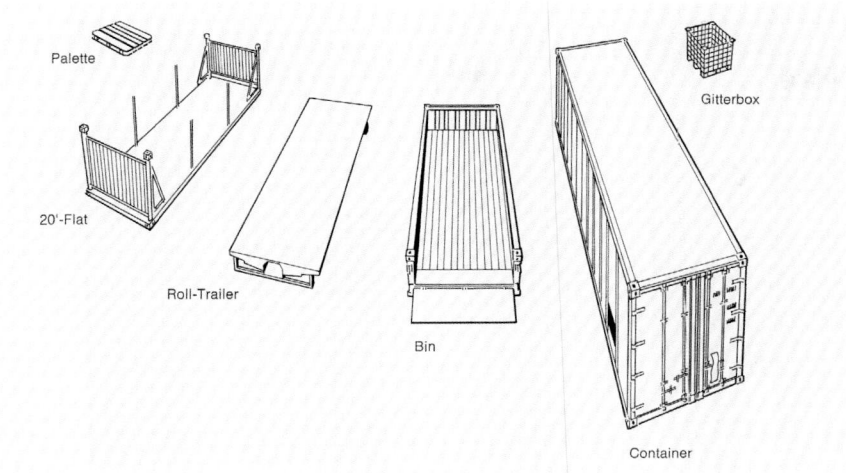

Grafik: Mit der Palette fing es an.

gesunken, dass die Anschaffungskosten kaum noch ins Gewicht fallen. Wenn beispielsweise Ware nach Afrika transportiert wird, und es ist nichts da, was man in die umgekehrte Richtung befördern kann, lassen die Exporteure heute die Container häufig stehen und schreiben die »Verpackung« ab.

Natürlich, wir stauen im Depot auch mit Knacken und Twistlocks. Wenn 5-hoch gestapelt wird, brauchen wir im Leercontainerlager eine Sturmsicherung durch Knacken. Sonst kann schon mal eine Reihe Boxen fortgeweht werden. Für das Umsetzen von *flat racks,* die wir ebenso handeln, benutzt man bei uns Twistlocks. Flat Racks bestehen aus einem Containerboden und ausklappbaren Wänden. Sie werden für den Transport von Übergrößen verwendet: Generatoren, Schiffsschrauben, Motorboote – was immer Sie wollen. Wie das später auf dem Schiff gehandhabt wird, danach dürfen Sie mich nicht fragen. In dreißig Jahren war ich vielleicht dreimal auf einem Schiff.

EIN LEBEN FÜR DAS HINTERLAND:
Spediteur Jürgen Kunigk

DER CONTAINER-TRANSPORT-DIENST (CTD) ist zuständig für die Umfuhren im Hamburger Hafen, außerdem organisiert er den Fernverkehr und die Gefahrguttransporte per Container. Die wirtschaftlich selbstständige GmbH ist eine Tochter der HHLA. Ihre Familienähnlichkeit ist nicht zu übersehen, wenn die Trucks mit dem weißen Logo und der kräftigen blauen Firmenfarbe vor dem Check-in am Burchardkai parken. Zugleich kann man sagen, dass CTD ein Kind von Jürgen Kunigk darstellt. Auf die Welt gekommen ist es zwar ohne sein Zutun, aber damals, Anfang der siebziger Jahre, war CTD eine Art kränkelndes armes Straßenkind. In Buchhaltersprache heißt das: Der CTD schrieb permanent rote Zahlen, weil die wirtschaftlichen Strukturen der HHLA und des Speditionsgewerbes nicht zusammenpassten. Es ist gut möglich oder sogar wahrscheinlich, dass der CTD ohne Kunigk längst das Zeitliche gesegnet hätte.

Wer die Vielzahl von Speditionsfirmen im Hamburger Hafen kennenlernen möchte, kann hier wunderbare Studien betreiben. Alle naslang gibt es einen Megastau, und dann steht die bunte Truppe vor dem langen Anstieg zur Köhlbrandbrücke wie auf dem Präsentierteller. Das Straßennetz hat mit dem Ausbau der Terminals und dem phänomenalen Anstieg der Containerumschlagmengen nicht Schritt gehalten.

Kunigk sitzt in der Offiziersmesse der *MS Cap San Diego*, ein drahtiger Mann mit vollem, grauem Haar, kräftigem Schnurrbart und einer Menge Falten, welche die lebhafte Mimik nachzeichnen, wenn er über Trucker, Kunden und Kollegen aus der Führungsetage der HHLA spricht. Eine lange Freundschaft verbindet ihn mit Gerd Drossel, im HHLA-Vorstand für die Hinterlandverkehre und den Containervertrieb zuständig. Sein Leben ist eine Erfolgsgeschichte und sein Segelboot heißt *Victory*.

Den Ort des Treffens hat Kunigk ausgesucht. Das berühmte Museumsschiff an der Überseebrücke wird von der HHLA unterstützt, und der Chef der Betreibergesellschaft, Kapitän Jens Weber, ist ebenfalls ein alter Bekannter aus HHLA-Zeiten. Der Logistiker der Straße liebt das maritime Ambiente. Es ist ein Nachhall aus seiner Jugend, von 1954 bis 1957 hat er Bootsbauer gelernt und noch heute lackiert er die Mahagoniaufbauten seines Segelboots selbst. Bei aller Sympathie für das Maritime sagt er dennoch mit Emphase: »Die Arbeit war mein Leben. Ich habe die Spedition geliebt.« Das glaubt man ihm gern.

Beladung von LKWs mit Containern durch einen Van-Carrier. Links ein blauer Truck der HHLA Tochtergesellschaft CTD Container-Transport-Dienst.

Der 1972 für Hafenumfuhren gegründete Container-Transport-Dienst (CTD) ist die erste Tochtergesellschaft der HHLA. Der Fahrer eines 280 PS starken MAN-Diesel-Trucks checkt seine Box am Gate Burchardkai aus.

Nur was sich ändert, bleibt sich gleich: Das LKW-Gate des Terminals Burchardkai aus den siebziger Jahren in modernem Design. In seiner baulichen Substanz hat es alle Erweiterungsmaßnahmen überlebt. Auch der CTD ist weiterhin Marktführer bei den Hafenumfuhren, nur die Zugmaschine hat jetzt 460 PS.

IM MAI 1962 HABE ich bei der HHLA als einfacher Arbeiter angefangen, und zwar beim Fruchtschuppen am O'Swaldkai. Zunächst einmal waren es ausschließlich die Verdienstmöglichkeiten, die mich angesprochen haben. Dreimal habe ich mich beworben, das war sozusagen Pflicht, bis ich genommen wurde. Beim dritten Mal hieß es: »Hast du mal 'ne Mark da?« Das war das Eintrittsgeld für die Gewerkschaft, ohne bei der ÖTV Mitglied zu werden, konnte man nicht bei der HHLA anfangen.

Am Bau, wo ich zuvor beschäftigt gewesen war, gab es fünf Mark Weihnachtsgeld. Bei der HHLA waren es 150 Mark, allerdings musste man dafür auch mindestens bis zum nächsten Frühjahr bleiben. So bin ich reingerutscht und aus einer kurzfristig gedachten Überbrückungsphase sind 43 Jahre geworden. Die Arbeit am O'Swaldkai war hart, keine Frage. Wir haben fünfzig Kilo schwere Kisten mit Java-Apfelsinen aus Israel per Hand gestapelt, und zwar bis sechs Stück hoch. Dazu habe ich auch noch Doppelschichten gemacht, zwanzig im Monat.

Wer Lust hatte, fleißig war und nicht ganz doof, konnte bei der HHLA seinen Weg gehen. Ich habe gern gearbeitet, der Hafen ist meine Welt gewesen. In 43 Jahren habe ich ganze zwei Tage gefehlt. Glück braucht man auch. Im Anfang hatte ich einen guten Schuppenvorsteher, der merkte, dass ich plietsch war und stets zur Verfügung stand. Bald drückte er mir das Löschmanifest in die Hand, wenn ein Frachter anlegte. Darin war genau verzeichnet, wie das Löschen vor sich zu gehen hatte, und dann teilte man selber die Gang auf dem Schiff ein.

Der Schuppenvorsteher hat mich wie einen Ziehsohn behandelt und zum Arbeiten ins Büro geholt. Quartalsweise machte ich Kurse auf der HHLA-eigenen Kaifachschule, dort behandelten wir Fragen rund um Zolllager, Kaitarife und Handelsrecht. Der Leiter der Schule war Ingolf Weber und einer der Lehrer war damals schon Gerd Drossel, ein »tarifsicherer« Mensch. Am Ende machte ich die Schreibgehilfenprüfung und wurde 1968 Angestellter. Damit verdiente ich weniger Geld, doch am Wochenende war ich weiter als Hafenarbeiter auf Schicht, um das auszugleichen.

Ab 1968 ging ich als Büroleiter zum Schuppen 43. Meine Aufgabe war es, alle Papiere für die Rechnungslegung vorzubereiten. Preise, Kosten – die Geldwerte blieben für mich außen vor, ich hatte stattdessen sämtliche Gewichtsgeschichten für den Schiffsabrechnungsbogen festzuhalten. Was wurde ausgeliefert, was gelöscht? 1970 begann die Containerisierung am Burchardkai im großen Stil. Allgemein galt die Parole: Das ist die Zukunft! Jetzt brauchte man dort die guten Leute, und es hieß von mir in der Hauptverwaltung St. Annen: »Der Kunigk hat verdächtig gute Beurteilungen.« Was oft übersehen wird: Für den Terminal Burchardkai wurde mehr gebraucht als neue Containerbrücken und Van-Carrier. Die HHLA gründete erstmals eine Abteilung Landtransport, wo der Leiter mich als Disponenten dabeihaben wollte.

Bis zur Ära des Containers waren Umfuhren für die HHLA kein Thema gewesen, doch nun änderten sich die Verhältnisse rapide. Am Burchardkai wurde zu Anfang noch nicht gepackt, es gab einfach keine Hallen für den Port-Port-Containerumschlag, sondern die Waren wurden am Überseezentrum gesammelt und containerisiert. Von dort musste also der Boxentransport zum Terminal erfolgen. Rein theoretisch hätte das eine Fremdfirma durchführen können. Aber die Reeder wollten gern einen einzigen Ansprechpartner haben, sie sagten: »Du, HHLA, machst uns eine Paketrate, in der alles rund um den Container enthalten ist! Anliefern, Packen und Transport bis zur Kaikante.«

Ostersonnabend 1971, um acht Uhr morgens, trat ich meinen Job am Burchardkai an und begann als Disponent mit zwei Sattelzugmaschinen und zwei Chassis. Innerhalb von zwei Jahren wuchs der Bestand am Terminal auf 26 Trucks. Nebenan am Köhlbrand gab es statt der Brücke noch die Trajektfähre über den Elbarm, die Hektik war schon die gleiche wie heute.

Trotzdem kamen wir in wirtschaftliche Schwierigkeiten durch das HHLA-eigene Schichtlohnsystem. Unsere Leute waren gegenüber der Speditionskonkurrenz schlicht zu teuer. Deshalb wurde die Abteilung 1974 umfirmiert und als CTD eigenständig. Heute sagt man Outsourcing dazu. Alle Mitarbeiter gingen zurück zur HHLA und neue Leute wurden zu branchenüblichen Löhnen eingestellt. Doch trotz der Privatisierung fuhr der CTD weiter Verluste ein, die Vorstände hatten keine Fortune. Man versuchte zu expandieren und kaufte dem Transportunternehmen Egon Wenk eine Fernverkehrslizenz ab. Ich selber wurde 1980 Prokurist unter dem Geschäftsführer Harald Bauer und hatte bereits nach einem weiteren Jahr die ganze Verantwortung auf meinen Schultern. Helmuth Kern, damals Aufsichtsratsvorsitzender von HHLA und CTD, zog die Notbremse. Er sagte zu mir: »Kunigk, Sie übernehmen den Laden. Zeitvorgabe ist ein halbes Jahr. Wenn dann kein Licht am Ende des Tunnels zu sehen ist, war es das!«

Nun, am Ende bin ich bis 2004 Geschäftsführer geblieben, doch der Weg war hammerhart. Nur in wenigen Branchen gibt es einen vergleichbaren Wettbewerbsdruck. Jeder kann sich heute einen Truck leihen, ein Transportgeschäft beginnen und dabei alle Tarife unterbieten. Helmuth Kern war auf meinem Weg fast wie eine Vaterfigur für mich. Wenn ich Entscheidungen traf, hat er mir den Rücken gestärkt, und wenn ich Rat brauchte, hatte er ein offenes Ohr. Es ist ja so, wenn Sie jemanden im Rücken haben, bei dem Sie Hut und Mantel in der Hand behalten müssen, werden Sie unsicher. Bei Kern aber konnte man sich ums Verrecken auf sein Wort verlassen.

Im Laufe des besagten ersten halben Jahres kam er einmal zu mir ins Büro und sagte: »Kunigk, Sie sehen schlecht aus. Was ist los? Ich will Sie mit meinen Bedingungen doch nicht kaputtmachen.« Ich war in der Tat ziemlich fertig. Dann gab Kern seiner Sekretärin und dem Fahrer Anweisung, dass er nicht gestört werden wolle. Wir haben fünf Stunden bei mir zusammengesessen, und ich konnte mir alles von der Seele reden. Danach ging es bergauf.

Ich habe mich als Geschäftsführer an wenige Grundsätze gehalten. Der wichtigste lautete: Du musst stets deine Kosten kennen. Ich habe auf eine flache Hierarchie geachtet, meine Disponenten waren alle ehemalige Trucker. Abgesehen von eigenen Fahrern habe ich Subunternehmer beauftragt, um die Kosten noch kontrollieren zu können. Und ich habe eng mit dem Vertrieb zusammengearbeitet. Es fügte sich gut, dass Gerd Drossel der Vertriebsleiter war und die Umschlagleistungen der HHLA verkaufte. CTD hatte stets einen hervorragenden Namen im Hafen. Für mich war Kunden wie Mitarbeitern gegenüber letztlich das Menschliche ausschlaggebend. Manchmal ist ein Schulterklopfen mehr wert als Bargeld. Das Einzige, was ich hasste, war der Schlendrian.

Mit der logistischen Kraft und Erfahrung der HHLA im Rücken haben wir auch Transporte abgewickelt, an die sich andere Speditionen nicht rangetraut haben, wie etwa die Südfruchttransporte für die Deutschen Afrikalinien. Deren Schiffe hatten zu viel Tiefgang, um über den Humpel beim Alten Elbtunnel zu kommen, also mussten sie davor entladen werden. Wir haben die Früchte dann zum Fruchtzentrum am O'Swaldkai gefahren, das war für die anderen eine Nummer zu groß. Die Früchte waren ja schnell verderblich, deshalb düsten sonnabends und sonntags unsere Trucker im Hafen bei Rot über die Ampeln. Bevor das überhandnahm, bin ich aufs Polizeirevier gegangen und habe mit den zuständigen Beamten gesprochen, damit sie die Ampeln in der Zeit lieber abschalteten.

Zweimal sind wir mit dem CTD bei Sturmfluten am Burchardkai abgesoffen, 1976 und in den achtziger Jahren, aber das haben wir beide Male schnell wieder auf die Reihe bekommen und heute ist der Hafen eingepoldert. Mein Fazit, wenn ich die Zeit überblicke, lautet: Außer Zuwachsraten gab es nichts Spektakuläres. Am Ende wollten Gerd Drossel und der gesamte HHLA-Vorstand mich mit einer würdigen Feier verabschieden, doch das gefiel mir nicht. Ich bin vor 43 Jahren mal anonym in das Unternehmen reingegangen und so anonym wollte ich auch wieder rausgehen. So bin ich am Neujahrstag 2005 morgens nach dem Kaffee zum Burchardkai gefahren. (Das ist einer von nur fünf Tagen im Jahr, an denen Hafenruhe herrscht.) Außer dem Nachtwächter war niemand vor Ort. Im Büro habe ich einen Dreizeiler für die Kollegen geschrieben und mich bedankt. Das war's.

Nach ein paar Jahren im Ruhestand arbeite ich heute allerdings wieder als Berater im Hafen. Da baue ich einen Speditionsableger für ein Bremer Logistikunternehmen auf. Zwei Jahrzehnte lang war ich im Vorstand des Norddeutschen Fachverbands für Containerverkehr tätig und habe dort auch eine Menge Bremer Spediteure kennengelernt. Mir geht es glänzend, und die alten Kollegen und Bekannten im Hafen mögen mich noch.

DER ENGEL VON DER KAIKANTE:
Hafenarbeiter Peter Wagner

PETER WAGNER KAM 1966 als Lehrling in den Hafen und lernte bei Carl Wolter am Holländischen Brook in der Speicherstadt den Beruf des Quartiersmannsgehilfen. Damals gab es nicht nur die Ewer auf den Fleeten, sondern auch noch Kopfsteinpflaster an Land und darauf Pferd und Wagen, mit denen die Waren der Quartiersleute transportiert wurden. »1966 war 'ne heile Welt«, sagt Wagner dazu. Er trägt das Hemd weit aufgeknöpft, hat eine Goldkette um den Hals, einen goldenen Ring im Ohr – und offenbar hat er auch ein goldenes Herz in der breiten Brust. Im Hafen kennt man ihn als den »Engel von der Kaikante«, der stets ein offenes Ohr und einen Blick für die Kollegen zwischen Schuppen und Schiff hat. »Ungerechtigkeiten aus der Welt bringen«, nennt er das. Im vergangenen Jahr erhielt er dafür die Hafenmedaille und ist zu Recht stolz darauf.

Sich neben den Schwachen zu stellen liegt Peter Wagner wohl im Blut, das hat er schon als junger Mann getan. Wenn zum Beispiel jemand auf dem Kai »beim Säckeschmeißen abgekocht« wurde, in der Zeit vor den Containern, als die Docker 85-Kilo-Säcke auf die Karren wuchteten, wenn jemand also bei der Arbeit nicht nein sagen konnte und es immer wieder hieß: »Hau rein! Mach mal hier! Hol mal das!«, dann machte Wagner stellvertretend für ihn den Mund auf und sagte zum Lademeister: »Rede mit mir! Ich habe ein breites Kreuz!«

Nach einem langen Arbeitsleben an der Wasserseite ist er jetzt in der Zentrale der GHB, der Gesamthafenbetriebs-Gesellschaft in Georgswerder, für soziale Belange zuständig. Die Tapete hat gewechselt, der Mensch aber nicht: Wenn Wagner hinter seinem großen dunkelbraunen Schreibtisch sitzt und spricht, meint man ihn trotzdem noch vor sich zu sehen, wie er draußen im Hafen auf das Wohl und Weh der Kollegen aufpasst.

NATÜRLICH GEHÖRTE ICH ALS Quartiersmannsgehilfe zu den Hafenarbeitern. Wir sind die Leute gewesen, die früher die Barkassen gerudert haben. Ich bin stolz darauf, Hafenarbeiter zu sein, das ist 'ne Eingebung.

Der Quartiersmann ist der Einlagerer. Seine Aufgabe ist der Handel, die Pflege und der Verkauf der schiffbaren Güter. Bei uns waren das Mandeln, Rosinen, Kapern, Därme, Haselnüsse, Tabak, Teppiche. Mit dem Pferdewagen der Firma Burmeister holten wir Rosinen und Aprikosen von der Begasung, wohin die Trockenfrüchte zur

Perspektive des Van-Carrier-Fahrers: Aufträge, welcher Container als nächster von A nach B transportiert werden soll, kommen per Datenfunk auf das Display in der Kabine.

1970: Sprechfunkgeräte erleichtern die Kommunikation auf dem weitläufigen Terminal.

Haltbarmachung kamen. Die wurden dann bei uns im Keller eingelagert, aasige Kisten aus rohem Holz, und aus den oberen Kanten standen oft Nägel heraus, eben so, wie das in der Türkei oder Syrien zusammengekloppt worden war.

Jede Kiste wog rund zehn Kilogramm, davon wuchtete der Meister vier bis fünf auf einmal ins Regal. Ich wollte nicht nachstehen, bis ich nach einem halben Jahr kurz mal zusammenklappte. Aber damals, als Lehrling, habe ich mein breites Kreuz gekriegt.

Wenn mal 'ne Kiste mit Korinthen ausgelaufen war, »backsten« die unheimlich. Dann hatten wir im Keller das Gefühl, wir gingen immer höher, weil sich unter unseren Hacken so viele Korinthen ansammelten. Dadurch hatte ich auch das Gefühl, ich könnte davon ruhig 'ne Handvoll auflesen, obwohl wir im Zollgebiet arbeiteten. Zu

Coles Kran 1969: Erste Techniken des Containertransports auf dem Terminal. Chassis, das sich selber beladen konnte. Erwies sich als nicht alltagstauglich im Dauerbetrieb. Experimentiert wurde auch mit einem kanadischen Kran zum Verladen von Baumstämmen, doch die Container gerieten leicht aus dem Gleichgewicht und rutschten aus dem Greifer.

sagen »Ich nehm mal 'nen Beutel Rosinen mit« wäre dagegen Diebstahl gewesen, der gehörte dem Kunden und war tabu. Früher hatten wir Anschläge und Handzettel, auf denen stand: »Ich darf im Hafen nichts finden, nichts geschenkt bekommen und nichts mitnehmen.« Aber was auf dem Boden lag, kam ohnehin unter die Räder oder die Füße. Man musste es auffegen, um das Lager sauber zu halten. Daher kommt der alte Begriff »Fegsel«. Wenn man es nicht übertrieben hat, gab es darüber Stillschweigen im Hafen. Man sagte beim Zoll: »Ich hab 'n büschen Fegsel mit.«

Fegsel kannte ich schon von meinem Vater, seine Lieblingsfegsel waren Tabak und grüner Kaffee. Den Tabak hat er bei uns zu Hause im Backofen fermentiert und den Kaffee hat er da drin geröstet, das roch gut.

Durch den Container ist die Fegselkultur im Hafen komplett verschwunden. Es gibt keine lose Ware mehr und nirgends liegt mehr etwas herum. Deshalb ist es heute nicht mehr möglich, etwas einzustecken. Im Zweifelsfalle könnten wir da einen

Kollegen auch betrieblich nicht mehr schützen, selbst wenn er vielleicht nur ein Taschentuch hat mitgehen lassen. In einem solchen Fall muss der Container vorher aufgebrochen worden sein, um was mitzunehmen, und das ist dann eine Straftat.

Ab April 1969 hatte ich an Tollerort mit amerikanischen Containern von *SeaLand* zu tun. Damals war auf Tollerort noch die eigenständige Firma *Lager & Spe*, das »Spe« stand für Spedition, dort machte ich meinen Van-Carrier-Schein und arbeitete als Fahrer im Containerumschlag. Für diese Fahrzeuge braucht man einen speziellen Schein, weil der Fahrer weit oben im Hochsitz steuert und die Sicht extrem eingeschränkt ist. Das waren vielleicht aasig laute Geräte, heute wäre das ein Fall für den Arbeitsschutz.

Sehr bald kam der Spreader auf. Die Verriegelung des Greifers mit den vier Eckpunkten des Containers erfolgte zunächst noch nicht hydraulisch, sondern mit Handgeschirr. Arbeiter zogen an Bändern, um die Twistlocks des Spreaders in die Verschlussposition zu drehen. Kommt einem heute niedlich vor.

Die Kollegen von den Kais mussten zusehen, dass sie »mitrutschten« in der Containertechnik. Unterhalb der Köhlbrandbrücke gab es die »Schauermanns-Uni«, also das Fortbildungszentrum Hafen Hamburg. Ich hab in den Siebzigern mal zwei Wochen die Schulbank in der Schauermanns-Uni gedrückt. Der Stoff reichte von wirtschaftlichen Zusammenhängen über Datenverarbeitung gezielt auf die Einzelheiten von Containerverkehr und Konstruktion bis zum Umgang mit den Containerpapieren. Dann erhielt ich von Michael Borgwardt, dem Leiter des Zentrums, mein Zeugnis als »Container-Checker« in die Hand gedrückt, Vermerk: bestanden.

Van-Carrier 1969: Erste Versuche des Containertransports auf dem Terminal. Maximale Ladehöhe: 1-hoch

Gabelstapler 1969: Technik des Containertransports auf dem Terminal. Beförderung von Leercontainern

Lange Zeit habe ich auch Brücken gefahren, aber der Van-Carrier war mir lieber. In der Brücke bist du am weitesten entfernt von den Kollegen. Und damit habe ich ein Problem, denn der Container hört nicht zu. Da oben bist du vier Stunden allein, da fängt man an, mit den Hebeln zu reden. Gelegentlich kommen auch Ängste auf, wenn die Brücke schaukelt, und das tun die Biester manchmal ganz schön heftig. Bislang ist noch nichts Ernstliches passiert, toi, toi, toi.

Klingt vielleicht komisch, aber ich habe früher auch gern Säcke geschmissen, wegen des Menschlichen drum herum. Jeder Hafenarbeiter hatte damals eine »Schwester«, das war dein Partner auf dem Kai. Man ließ sich nahe beieinanderliegende Nummern geben, weil die Arbeit nach zusammenhängenden Nummern verteilt wurde. Von deiner Nummernschwester wusstest du alles, auch, was in der Familie lief. Morgens um sechs ging es mit den Barkassen rüber zu den Schuppen. Das Gefühl, dabei zu sein, war das Schönste. Wenn wir freitags unsere Lohntüten in Empfang nahmen, warteten die Ehefrauen gleich hinter dem Zollzaun am Freihafen, um uns abzukassieren. War auch besser so, aber es blieb uns noch ein Taschengeld, mit dem wir dann in unsere Hafenkneipe umziehen konnten.

Mit dem Container und dem Wohlstand, den er uns allen brachte, zerfaserte die Gemeinschaft und löste sich langsam auf. Viel Geld wurde in den siebziger Jahren mit den Container-Sonderschichten verdient. Die Kollegen kauften sich jetzt Autos und fuhren nach der Schicht direkt nach Hause, statt dass wir uns noch auf den Klönschnack in der Kneipe trafen.

PS: Im Sommer 2007 erhielt Peter Wagner in seinem Büro Post von einem alten Arbeitskollegen.
»Meine liebe Schwester!
Ich habe Deinen Brief erhalten. Ich war am 20. Juli bei der Landesversicherungsanstalt und habe meine Rentenunterlagen abgegeben. Ich wurde gelobt, dass ich alle meine Unterlagen korrekt ausgefüllt habe. Dann habe ich gesagt, dass nicht ich, sondern meine Schwester die Unterlagen ausgefüllt hat. Darauf musste ich natürlich erst mal erklären, was ›Schwester‹ im Hafen heißt. Lieber Peter – noch mal vielen Dank!
Deine Schwester
Hier noch meine letzte Zahnarztrechnung. Du machst was draus.«

DIENST IM KESSEL:
Zöllner Wolfgang Böhring

HAMBURG IST EIN HAFEN mit einem großen Zaun drum herum. Dabei scheint es, als spiele die alte Hansestadt verkehrte Welt, nicht das weite Land dahinter ist die Freiheit, sondern sie beschränkt sich auf das abgesperrte Areal im Inneren. Um das scheinbare Paradox aufzulösen, darf man die Verhältnisse nicht vom Land her betrachten, sondern muss von der See aus gucken. Die Elbe ist bis zu den Hamburger Elbbrücken hin eine offizielle Seeschifffahrtsstraße, und der Hafen bildet nur den Wurmfortsatz der hohen See mitten im Binnenland und in der Stadt.

Bei Sturmfluten bestätigt selbst die Natur diesen Zusammenhang, wenn der »Blanke Hans« die Nordsee verlässt und bis nach Hamburg vordringt. Der Hanseat mag solche Naturspektakel natürlich nicht so gerne in seiner Stadt, doch er weiß recht gut um die wirtschaftlichen Vorteile, die damit verknüpft sind. Ein Beispiel: Geht heute eine Stahlbox auf dem Großcontainerschiff nur durchgangsweise nach Hamburg und ist de facto für Stockholm bestimmt, dann lädt sie die HHLA am Terminal Burchardkai von dem interkontinentalen Riesen auf ein lokales Feederschiff um, das die Box auf dem restlichen Teil ihrer Reise über die Ostsee befördert. Im Freihafen können Reeder und HHLA dabei ihrer Arbeit nachgehen, als ob die Box nie die hohe See verlassen hätte: keine Zölle, keine Abgaben, keine lästigen Warenkontrollen zwischendurch.

Damit der schöne Brauch auch tatsächlich auf den Transitverkehr beschränkt bleibt, gibt es den Zaun und den Zoll an der Hafengrenze. Allzu groß wäre sonst die Versuchung, mal eben einen Container, beispielsweise mit chilenischem Schaumwein, aus dem Hafen frei von Zolltarifen, Mehrwertsteuer und Sektsteuer ins erfreute Umland zu schaffen – ein preisgünstiges, aber sozialschädliches Trinkvergnügen... Auch wenn heute das Prinzip des Freihafens an Bedeutung verliert, da die zolltechnische Erfassung aller Waren mittlerweile auch außerhalb der Freihafengrenze stattfindet, zieht sich nach wie vor ein Zaun um den Hamburger Hafen. An seinen Toren stehen noch die Zollstationen, deren größte liegt in Waltershof, und dort arbeitet der Zöllner Wolfgang Böhring.

ES WAR SCHÖN. Es war nur Natur hier. Nach der großen Sturmflut 1962 fing es an, da wurde der Waltershof Schritt um Schritt geräumt. Die Menschen waren nicht mehr sicher hier und ihr Wegzug passte ja durchaus in die Hafenplanungen.

Papierkram 1971: Disponent und Ladungsoffizier besprechen den Stauplan von Containern auf einem Schiff. Den Inhalt der Boxen kennen sie in der Regel nicht.

Heute sind wir hier von Lärm und Dreck umgeben. Wir arbeiten im Knotenpunkt, im Kessel, wie wir sagen. Ich bin ZBI, Zollbetriebsinspektor, aber der Dienstgrad ist egal. Ich bin Zöllner, das langt!

Aufgewachsen bin ich nicht weit von hier auf der Elbinsel Finkenwerder. Mein Vater war ebenfalls Zöllner. Im April 1970 habe ich in Cuxhaven auf dem Zollkommissariat angefangen. In den Sommermonaten war für uns Aushilfe auf Helgoland angesagt. Den Dienst haben wir ebenso menschlich wie pragmatisch ausgeübt. Das ist auch heute noch so. Bei kleinen Fischen gab es hundert Prozent Zollaufschlag, das war's dann. Hart durchgegriffen haben wir aber auch, zum Beispiel in dem Fall, als ein Lehrer seinen Schülern Zigaretten in den Rucksack gesteckt hatte. Der Mann bekam eine Anzeige wegen Steuerhinterziehung.

Um in meiner Laufbahn weiterzukommen, ließ ich mich im Februar 1976 nach Hamburg-Waltershof versetzen. Meine Tätigkeit dort war eine von Grund auf andere als zuvor; statt mit Reisenden hatte ich es jetzt mit Waren zu tun. Immerhin gab es noch die Fahrer, die die Waren transportierten. Mit denen kam ich gut aus, weil sie einen ähnlichen Ton draufhatten wie die Fischer in Cuxhaven. Meist ist er rau und herzlich, besonders die Dänen sind stets per Du. Der Ton ist das Einzige, was von damals noch geblieben ist, sonst hat sich alles im Ablauf der Zollabfertigung dem riesigen Zuwachs des Containerumschlags und der elektronischen Datenverarbeitung angepasst. Mit dem Papierwesen, wie wir es in den siebziger Jahren hatten, könnten wir heutzutage niemals mehr arbeiten. Wir könnten es noch nicht einmal lagern, ohne riesige Hallen dafür bereitzustellen.

Im Kessel: Zollstation Waltershof an der Freihafengrenze. Die Station ist umgeben von der Autobahn, der Anfahrt zur Köhlbrandbrücke, zwei Containerterminals, einer Müllverbrennungsanlage und einem Eisenerzlager, von den Zöllnern das »Erzgebirge« genannt.

Truck-Tomograf: Zöllner Wolfgang Böhring vor der Röntgenhalle zum Scannen von Fahrzeug und Ladung. Die Technik ähnelt den Gepäckkontrollen auf Flughäfen im vergrößerten Maßstab.

Papierkram 1971: Ein Tallymann überprüft die Ladung im konventionellen Stückgutverkehr. Mit dem Aufkommen des Containers ist dieser traditionsreiche Hafenberuf obsolet geworden.

Jetzt gehen wir in das Stationshochhaus, das eigentlich wegen Renovierung gesperrt ist. Da haben wir den Rundblick auf den Kessel und darüber hinaus. Unter uns liegt die Zollabfertigung für LKWs, mehrere überdachte Spuren, nicht viel anders als das Check-Gate eines Terminals. Im Westen und Süden umschlingt uns die Rampe der Köhlbrandbrücke, darunter befindet sich die kolossale Müllverbrennungsanlage und daran wiederum schließt sich das »Erzgebirge« an. So nennen wir die schwarzen Halden, die dort lagern, Eisenerz, Kohle. Im Uhrzeigersinn folgen die Autobahn A7 zum Elbtunnel und die verschiedenen Containerterminals. In welche Himmelsrichtung Sie auch schauen, überall werden Sie einen LKW mit einem Container auf dem Chassis sehen. Die Containerisierung ist nicht nur ein wirtschaftlicher Segen, sondern mittlerweile auch ein Umweltproblem, denn im Umland entstehen riesige Lager. Ich wohne auf dem Dorf, weit weg vom Hafen, doch auch bei uns werden gerade zwei neue Lager gebaut.

Direkt unter uns liegt die Röntgenanlage der Zollstation, sozusagen ein Tomograf für Trucks. Die Strahlung ist zwar sehr gering, doch trotzdem müssen die Fahrer vorsorglich aussteigen, bevor der Wagen in einem abgeschirmten Raum gescannt wird. Einmal haben wir einen zweiten Fahrer im rückwärtigen Führerhaus gehabt, der schlief, und sein Kollege hatte ihn vergessen. Den haben wir mitgescannt.

Jeden Tag passieren rund dreitausend Trucks unsere Zollstation. Was wir im Vierteljahr an Wagen abfertigen, reicht auf der Straße von hier bis Rom. Das können Chassis mit Containern oder Planzüge sein. Für uns ist einzig von Bedeutung, dass ein LKW verschlussfähig ist. Auch Planen schließen hermetisch ab, das Seil, mit dem sie an

Beladen von Containern

den Seitenwänden befestigt sind, wird mit einem Siegel versehen. Der Zoll ist heute Gesundheitspolizei, Abgaben spielen nur eine geringe Rolle. Wir produzieren Sicherheit für die Bevölkerung. Ist das Spielzeug, das aus China kommt, gut aufgehoben in Kinderhand? Sind die Textilien frei von schädlichen Chemikalien? Ein weiteres bedeutendes Feld ist der Schutz vor Plagiaten, also die Bekämpfung der Markenpiraterie. Rauschgift und Zigaretten sind für uns nur »Beipack«, anders als das in den Medien gern dargestellt wird.

Wie das Ganze vor sich geht? Die Firmen schicken uns ihre Anmeldung online, mit Angabe der Container-Nummern und aller Waren, die eine Box beinhaltet. Wir machen dann eine Risikoanalyse: Wo kommt der Container her? Südostasien oder

Südamerika erfahren von uns eine besonders liebevolle Aufmerksamkeit. Die meisten Container verlassen den Freihafen allerdings unkontrolliert, denn mehr als Stichproben zu nehmen, können wir nicht leisten. Auch die Verzollung erfolgt nicht durch uns. Die Trucker bekommen einen Laufzettel, einen »Versandschein«, am Terminal mit und der versiegelte LKW bleibt als »rollender Freihafen« auf der Straße. Erst am Bestimmungsort wird alles zollamtlich abgefertigt.

Eventuelle Differenzen zwischen Zoll und Terminals, also zum Beispiel der HHLA, müssen über höhere Ebenen gehen, denn wir arbeiten strikt nach Vorschriften und haben insofern keinen Spielraum. Wenn Waren mit einem Ausdruck angemeldet werden, auf den wir uns keinen Reim machen können, dann wollen wir die Waren sehen und der Kaufmann hat sie übersichtlich zu präsentieren. In der Praxis sind wir aber alle meist ganz lieb miteinander. Stress kommt nur auf, wenn die verfluchte Technik ausfällt.

Es gibt keine Ladung, die es nicht gibt. Einmal konnten wir uns beim Röntgen keinen Reim auf den Containerinhalt machen, es waren lauter winzige Kugeln. Wir baten den Fahrer, den Container zu öffnen. Er hatte wohl auch keine rechte Vorstellung davon, was er da transportierte – als die Tür aufging, kullerten mehrere Tonnen Roheisen auf die Straße. Heutzutage sind wir aus einem ganz anderen Grund vorsichtig bei der Containeröffnung: Viele sind begast, um Schädlinge auszumerzen. Der einzelne Zöllner, der am LKW steht, macht ziemliche Drecksarbeit. Besonders im Herbst und Winter bedeutet das, ständig kalte Füße, Hände und Lecknasen zu haben – die Krankenstände sind entsprechend. Aber mit dem Container ist auch unsere Arbeit tendenziell sauberer geworden.

Ich möchte mit dem Herzen bei der Sache sein. Es geht mir nicht nur um den Job, sondern auch um den Spaß an der Arbeit. Technik allein bringt keine Sinnerfüllung. Mit dem Container wird es anonymer, es wird nicht mehr im klassischen Sinne geschmuggelt, sondern mit dem Computer manipuliert. Trotzdem wird der Hafen um zig Millionen geschädigt. Nur ganz selten noch steht bei der Arbeit ein Trucker vor mir, der mir spanisch vorkommt. Ich sage dann zu ihm: »Du hast jetzt drei Möglichkeiten. Du kannst bei Muttern anrufen und dich abholen lassen. Oder du bestellst dir ein gelbes Taxi, das kostet was. Ich kann dir auch ein grün-weißes Taxi rufen, das ist kostenlos.« Die meisten rufen nicht bei Muttern an.

DER KOMMUNIKATOR:
Gerhard Angerer

GERHARD ANGERER KAM IM April 1951 zur HHLA und arbeitete stolze 45 Jahre in dem Unternehmen, die letzten drei Jahrzehnte als Leiter der Öffentlichkeitsarbeit. 1996 ging er in den wohlverdienten Ruhestand, doch bis heute ist sein Ruf in der HHLA legendär. Im persönlichen Gespräch gibt er sich bescheiden: »Ich habe doch gar nichts zu sagen«, will er abwinken und öffnet dann doch eine imaginäre Seekiste, die randvoll gepackt ist mit den Erinnerungen eines alten Fahrensmannes.

MANCHE LEUTE WUNDERN SICH, dass ich eine derart lange Zeit bei einem einzigen Arbeitgeber verbracht habe. Ich hatte aber nie Grund zu wechseln, zumal die HHLA immer die Nummer eins im Hafen war. Mir hat die Arbeit in der Speicherstadt Spaß gemacht, was natürlich eine gute Voraussetzung ist, wenn man das Unternehmen in der Öffentlichkeit verkaufen soll. Zunächst habe ich acht Jahre in der Rechtsabteilung gearbeitet, doch auch hier war ich teilweise schon auf kommunikativem Gebiet tätig, nämlich der Lehrlingsausbildung.

Einmal wöchentlich gab ich im alten Sitzungssaal in der Hauptverwaltung St. Annen den Betriebsunterricht. Die Palette der Themen war breit gefächert: der Pacht- und Überlassungsvertrag mit der Stadt Hamburg, in dem unter anderem die Aktivitäten der HHLA im Hafen festgeschrieben waren, das Einzugsgebiet und die Hinterlandverkehre, der Hafenbahnvertrag, der Kaitarif und der Vertrag mit dem Allgemeinen Südfruchtlager (hierin wurden die Konditionen des Fruchtumschlags und der speziellen Lagerung der Früchte geregelt). Die Lehrlinge sollten einen Überblick über all das bekommen. Zu Hause bewahre ich noch eine ganze Reihe von Arbeiten und Zeugnissen meiner damaligen Schützlinge – auch Gerd Drossel ist darunter –, die später ihren Weg in der HHLA gegangen sind. Das soll natürlich kein Wink mit dem Zaunpfahl sein, sondern das ist pure Nostalgie.

1964 wechselte ich in die Abteilung Öffentlichkeit und Werbung, wie sie damals genannt wurde. Dort waren wir unter anderem für die Hafenvertretungen Hamburgs im In- und Ausland zuständig. Mit der neuen Hafenordnung hörte das auf, fast parallel mit dem Beginn des Containerzeitalters, denn ab 1970 waren wir bekanntlich kein Betrieb mit hoheitlichen Aufgaben mehr, sondern wurden den anderen Wettbewerbern im Hafen gleichgestellt. Entsprechend konzentrierten wir uns in der Werbung und Kommunikation nun ganz auf das eigene Unternehmen. Damals hatten wir allerdings

Corporate Design 1995: die erste Containerbrücke in den neuen HHLA-Farben Blau-Rot.

ein wichtiges Ziel schon erreicht, nämlich den Einstieg in den Containerverkehr. Es war uns gelungen, einen Vollcontainerdienst mit Amerika nach Hamburg zu ziehen. Das war nicht selbstverständlich gewesen.

In geografischer Hinsicht bedeutete der Containerverkehr für einen Hafen anfangs nur eines: das Fahrtgebiet Europa–New York zu gewinnen. In Deutschland war aber nicht Hamburg, sondern Bremerhaven die erste Wahl der US-Containerlinien. Das hatte historische Gründe, Bremerhaven war die europäische Nachschubbasis für die US-Armee, und das amerikanische Militär hatte im Zuge des Vietnamkriegs eine Vorreiterrolle für den Einsatz von Containern im Überseeverkehr gespielt. Die ersten Container in Deutschland wurden dementsprechend durch *SeaLand* 1964 in Bremerhaven auf den Kai gesetzt. In Bremen gibt es einen alten Schnack in Anspielung auf die Flaggen der beiden Hansestädte: Hamburg ist das Tor zur Welt, aber Bremen hat den Schlüssel dazu. Plötzlich hielt Bremen mit Bremerhaven den Schlüssel zum Containerzeitalter in der Hand.

Zehn Jahre TRIO: Feier in der Zentrale der HHLA 1982. V. l. n. r.: Vertreter der japanischen NYK Reederei, Gerhard Angerer, Kapitän Takebayashi von der »Kitano Maru«, Claus Peter Hamelau (Hafenagent) und ein weiterer Vertreter von NYK. TRIO ist ein Konsortium von fünf Reedereien aus drei Ländern: Hapag-Lloyd, OCL (Overseas Container Lines), Ben Line sowie NYK und Mitsui O. S. K. Lines aus Japan.

Start des TRIO-Containerdienstes: Ankunft der »Kamakuru Maru« 1972 am Terminal Burchardkai. Im Vordergrund stehen Container der fünf beteiligten Reedereien.

Nun hat das Hafengeschäft traditionell seine raueren Seiten, und manchmal spielten auch wir mit etwas härteren Bandagen. Als Werner Schröder, HHLA-Vorstandsmitglied im Bereich Marketing, nach New York an den Sitz der United States Lines flog, hatte er nicht nur Statistiken für die Logistiker der Reederei im Gepäck, sondern auch Fotos von windzerzausten Bäumen am Bremerhavener Weserufer. Dazu wies er eindringlich auf die Gefahren der stürmischen Nordsee hin und pries dagegen unseren geschützten Hafen im Binnenland und unsere hervorragenden Hinterlandverbindungen an.

Im Januar 1968 verkündete ein leibhaftiger US-General, es war Austin J. Montgomery, auf einer gemeinsam mit der HHLA durchgeführten Pressekonferenz den Durchbruch: Im Auftrag des Präsidenten der USL, damals war es Alexander Purdon, bestätigte er, dass Hamburg für die Vollcontainerschiffe des Nordamerika-Ostküstendienstes der USL einziger deutscher Anlaufhafen sein würde.

110 DER KOMMUNIKATOR

1970 steckte der Containerumschlag bei der HHLA noch in den Kinderschuhen (Prospekt 1970).

Ich kann mich übrigens nicht erinnern, dass die lokalen Medien im neuen Transportmedium Container größere Probleme für den Hafenstandort Hamburg gesehen hätten, wie es gelegentlich kolportiert wird. Etwa nach dem Motto: Der Containerverkehr bedeute das Aus für alle Seehäfen, die nicht direkt am Meer liegen. Wenn ich beispielsweise an Hans-Henning Kroll, den jahrelangen Wirtschaftschef des *Hamburger Abendblatts* denke, der später die gesamte Entwicklung des Containerverkehrs im Hafen journalistisch begleitet hat, war im Gegenteil der Optimismus für die weiteren Chancen der Hansestadt auf dem Wasser spürbar. Eher gab es kritische Stimmen aus dem politischen Bereich. Bei manchem Anblick im Hafen brauchte man in den ersten Tagen tatsächlich eine große Portion Fantasie, um das Visionäre des neuen Transportkonzepts zu erkennen. Da saß zum Beispiel ein Hafenarbeiter mit einem Stuhl oben auf einem Container, um dem Schwimmkran anzuzeigen, dass diese Box verladen werden sollte. Es kam ja zu Beginn oft ein Schwimmkran angeschippert, wenn ein Container verladen werden sollte.

Es stimmt ebenfalls, dass die Hamburger Reedereien, besonders die Hapag, ganz am Anfang skeptisch waren. Frachter, die Container transportierten, wurden schon mal von konservativeren Reedern als »Schachtelschiffe« abgetan. Aber das Blatt hat sich so schnell gewendet, dass ich selber zu tun hatte, um da mitzukommen. Wenn ich nur an den Hafenabend in Nürnberg denke… Nachdem die HHLA den Containerverkehr mit New York an die Elbe geholt hatte, ging es darum, das neue Transportmittel auch im Hinterland zu verkaufen. Parallel zu den ersten Vollcontainerschiffen auf der Elbe habe ich 1968 einen Vortrag auf einem Hafenabend in Nürnberg gehalten. Dort waren rund zweihundert Vertreter aus der Transportwirtschaft anwesend, Verlader, Spediteure, aber auch die lokalen Repräsentanten der Reedereien. Nach dem Vortrag ging eine Beschwerde der Hapag-Leute bei dem Chef des HHLA-Containervertriebs Werner Schröder ein. Danach hatte ich in Nürnberg vierzehn Mal die United States Lines erwähnt und nur drei Mal die Hapag.

Wir bei der HHLA waren begeistert, dass wir Bremerhaven mit dem *United States Lines*-Kontrakt den Rang abgelaufen hatten, und ich war damals noch ein bisschen grün im Kommunikationsgeschäft. Aber Schröder sagte bloß zu mir: »*Take it easy.*« So habe ich es dann auch später gehalten.

EIN SCHIFF WIRD KOMMEN:
Hafenplaner Wolfgang Hurtienne

»EIN SCHIFF WIRD KOMMEN.« Hafenplaner leben in der Zukunft. Damit erst gar keine falsche Romantik aufkommt, wandeln die Planer der *Hamburg Port Authority* (HPA) den sehnsuchtsseligen Schlagertext ein wenig ab: Ein Bemessungsschiff wird kommen.

Ein Blick in das Orderbuch, das weltweit alle bei den Werften bestellten Containerschiffe auflistet, macht deutlich: Der Konstruktionstiefgang der Schiffe wird immer größer. Das derzeit von den Hamburger Hafenplanern eingesetzte Bemessungsschiff hat deshalb einen Tiefgang von stattlichen 14,50 Metern, eine Breite von 46 und eine Länge von 350 Metern. Diese Maße können sich die Hanseaten und Elbanrainer ruhig schon einmal einprägen, denn sie bilden die Eckdaten für den geplanten Ausbau der Fahrrinne, sprich: für die Elbvertiefung.

Es geht also für die HPA nicht um Küsse und Matrosenliebe, sondern sie ist ein Wirtschaftsunternehmen, das für das Hafenmanagement zuständig ist. Und sollte irgendwo doch ein bisschen Sehnsucht mitschwingen, dann jene nach dem Erfolg Hamburgs als Welthafen. Das wiederum ist auch im Interesse der Stadt, die Eigentümerin der HPA bleibt. Bis vor wenigen Jahren firmierte diese noch ganz hoheitlich als Amt für Strom- und Hafenbau.

Ob die englische Bezeichnung, die im Zuge der Reform gewählt wurde, nicht vielleicht irreführend ist? Der Besucher begibt sich mit dieser Frage auf den Weg zu Wolfgang Hurtienne, dem Leiter der Hafenplanung bei der Hamburg Port Authority. Die HPA residiert in einem renovierten Speicher am Zollkanal. Der Eingang befindet sich auf der Westseite, doch weil das Büro des Hafenplaners ganz auf der Ostseite liegt, geht der Besucher nun einen Flur von den Maßen eines Häuserblocks entlang.

Auch wenn ihre Bedeutung für die Hansestadt unumstritten ist, eine Authority, eine Behörde, will die HPA doch gerade nicht sein, oder? Hurtienne lächelt zustimmend und erklärt den Kompromiss. »Es ist ein international eingeführter Begriff. Sonst gibt es zu viele Nachfragen vom nautischen Personal aus Asien oder Lateinamerika.«

Das Bremer Institut für Seeverkehrswirtschaft und Logistik (ISL) und Global Insight (USA) haben im Auftrag der Hamburg Port Authority (HPA) eine Studie zur Entwicklung des Marktpotenzials für den Hamburger Hafen bis zum Jahr 2025 vorgelegt. Demnach wäre in den kommenden 17 Jahren eine Steigerung auf rund 31 Millionen Standardcontainer (TEU) möglich. Derzeit werden im Hamburger Hafen rund

Transportiert Container 3-hoch: Moderner Van-Carrier auf dem Burchardkai, der für Transport und konventionelle Lagerung der Container eingesetzt wird.

WOLFGANG HURTIENNE 113

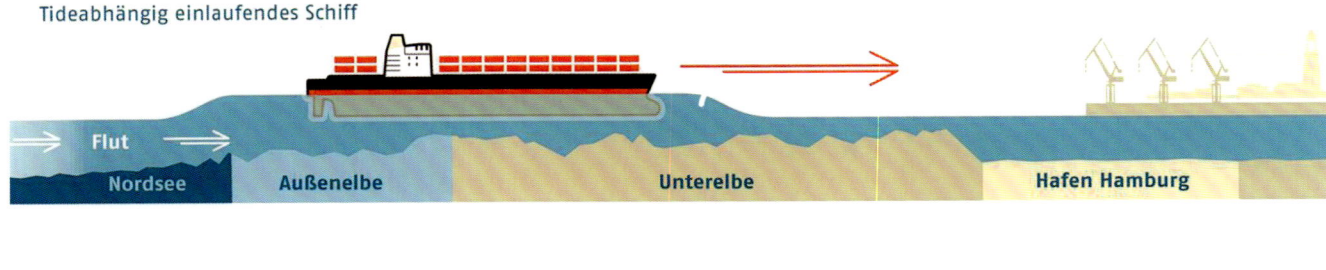
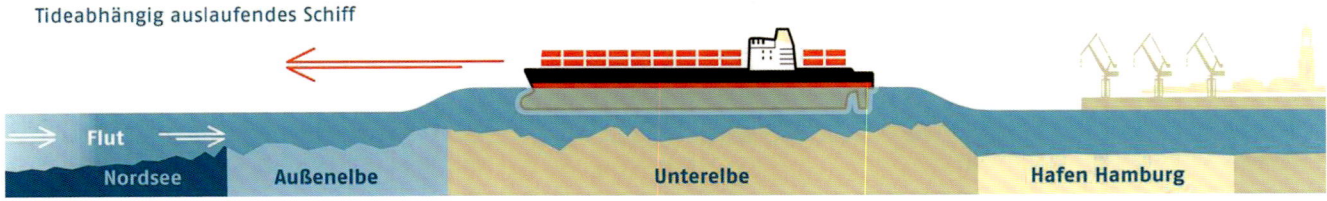

zehn Millionen TEU umgeschlagen, für 2015 sind 18 Millionen TEU vorausberechnet. Der Containerumschlag wird weiter kräftig wachsen, Massengut und konventionelles Stückgut ebenfalls, aber mit geringeren Zuwachsraten. Hamburg bleibt Deutschlands größter Universalhafen.

HAMBURG IST FÜR LEUTE, die Wasserbau studiert haben, natürlich ein interessantes Arbeitsfeld. Ich bin Bauingenieur mit der Fachrichtung Wasserbau und Küsteningenieurwesen. Als geborener Schleswig-Holsteiner von der Westküste bin ich hier in Hamburg im weitesten Sinne am Wasser und an den Deichen geblieben.

1984 habe ich beim damaligen Strom- und Hafenbau angefangen, unter Wasserbaufachleuten ist das eine gute Adresse gewesen. Anfangs dachte ich, öffentlicher Dienst, das muss nicht auf Dauer sein, ist vielleicht mehr ein interessanter Abschnitt. Aber dann wurde der Arbeitsbereich so fordernd und befriedigend, dass ich Wurzeln geschlagen habe.

Ich finde an diesem Hafengeschäft spannend, dass es eben nicht reicht, die lokalen oder auch nationalen Gesichtspunkte im Auge zu haben, sondern dass es einen starken Bezug nach draußen hat. Das kann man ganz haptisch wahrnehmen, indem man sich hier mal an die Wasserkante stellt, wenn gerade ein Schiff einläuft. Das kommt zwar nicht direkt aus Singapur oder Schanghai, sondern war vorher schon in Rotterdam, trotzdem finde ich das großartig. Ist was anderes, als im Binnenland Talsperren zu entwerfen. Rund 20.000 größere Schiffe laufen den Hamburger Hafen im Jahr an. 8.000

Ein Schiff wird kommen: Elbe-Revierfahrt auf der Flutwelle. An der schematischen Darstellung des Untergrunds wird deutlich, dass die Wassertiefe im Hafen – entgegen der intuitiven Annahme – größer ist als auf der Unterelbe. Für die Gestaltung der Fahrpläne muss das Zeitfenster der Tide beachtet werden, Großcontainerschiffe können nicht rund um die Uhr den Hafen anlaufen.

kommen aus der Ostsee, 12.000 aus der Nordsee. 6.000 Nordsee-Schiffe haben zuvor den Atlantik, Pazifik oder Indik überquert.

Egal, ob man für den Rotterdamer Hafen arbeitet oder für den Hamburger Hafen, man ist damit konfrontiert, dass auf der Weltkarte beide Orte kaum zu unterscheiden sind, weil sie im globalen Maßstab so nahe beieinander liegen. Für uns sind das Welten und für uns ist Hamburg der Nabel der Welt, aber es relativiert sich eben doch, wenn man von außen guckt. Dieses Globalisierungsthema ist vielleicht schon ein bisschen abgefeiert, doch manchmal, wenn ich mich mit meinem Sohn unterhalte, der ist 18, da wird mir bewusst, wie völlig anders sich die Welt dargestellt hat, als ich so alt war wie er. Sie war nicht nur eine Idee, sondern wirklich völlig anders.

Wie selbstverständlich ist es heute, Waren aus aller Herren Länder einzukaufen. Jeder Einzelne von uns befeuert diesen Prozess weiter, indem er guckt, was es am nächsten Mittwoch bei Lidl gibt. Das kommt alles aus Malaysia, aus Vietnam, aus Wer-weiß-Woher. Und das geht nur, weil es das Transportmedium Container gibt. Ohne diesen unglaublich billigen Transportweg wäre die gesamte gesellschaftliche Prägung gar nicht möglich. Das hat für mich in meiner Arbeit eine gewisse Faszination.

Was die HPA im Einzelnen macht? Die HPA als Nachfolgeorganisation von Strom- und Hafenbau ist Eigentümer der Flächen im Hafen. Ihr gehören die Kaimauern, die Gewässer, die Straßen, die Brücken, die Eisenbahn – also die gesamte Hardware, welche die Hafenwirtschaft als Basis vorfindet. Wir vermieten die Terminalflächen und Kaimauern an die Hafenbetriebe, die darauf ihre Geschäfte abwickeln. In die Flächenbefestigung, Entwässerung, Beleuchtung, Kräne, Gebäude und Gleisanlagen auf ihren Terminals müssen die Betriebe selber investieren. Von uns bekommen sie allerdings den Liegeplatz hergerichtet. Das gehört zum Deal dazu.

Entwicklungen im Hafen können aus verschiedenen Richtungen angestoßen werden. Zum einen durch unsere Mieter, wenn die etwas verändern wollen. Ein prominentes Beispiel ist die HHLA mit dem Burchardkai, der jetzt komplett umgebaut wird. Die Pläne hat die HHLA zunächst einmal – abgeleitet aus ihrem Bedarf – für sich entwickelt. Dann hat sie gesagt, jetzt möchten wir mit euch, HPA, darüber sprechen, was ihr eigentlich dazu beitragen müsst, um das zum Erfolg zu bringen.

Zum anderen entstehen Entwicklungen durch die Hafenstrategie, die Hafenerweiterung in Altenwerder zum Beispiel. So ein Projekt hat einen großen Vorlauf, da muss man politische Entscheidungen herbeiführen, da muss man planen, ein rechtssicheres Verfahren aufsetzen, das durchstehen, und dann irgendwann muss man bauen. So etwas dauert schnell mal zehn Jahre, bis es fertig ist. Für diese strategischen Projekte wie Altenwerder entwickelt man ein Konzept und dann sucht man sich jemanden, der das ausführt. In diesem Fall hat das die HHLA gemacht.

Warum die HHLA? Das ist nach einem langen Diskussionsprozess vonseiten der Stadt so entschieden worden. Es hatten sich verschiedene Reedereien interessiert gezeigt, die aber nicht alle hätten bedient werden können. Deshalb erschien es sinnvoller, gar keine Reederei zum Zuge kommen zu lassen. Außerdem hatte die HHLA zum damaligen Zeitpunkt die am stärksten begrenzten Ausbaumöglichkeiten im Hafen.

Im Moment gibt es eine intensive Diskussion darüber, ob wir uns rechtzeitig um die Schaffung des nötigen Flächenbedarfs und die Ertüchtigung der Verkehrsanlagen gekümmert haben. Dazu muss man sagen, das Ganze hat lange unter den sehr starken Budgetrestriktionen der Stadt gestanden. Und die Erhöhung der Terminalkapazitäten im heutigen Maße konnten wir uns erst vorstellen, nachdem sich Altenwerder so gut entwickelt hatte. Mit Altenwerder, einer typischen »Greenfield-Planung«, hat sich die HHLA weltweit an die Spitze der Containerisierungsbewegung gestellt. Sie hat ein optimiertes, hochproduktives und extrem sparsames Umschlagsystem entwickelt.

Landseitige Infrastruktur im Hafen 1973: Eine Diesellok der Baureihe V 160 an der Spitze des Containerzugs »Delphin«. Dieser Zug brachte als Erster seiner Art Container vom Terminal Burchardkai in Richtung Süden. Im Hintergrund die Köhlbrandbrücke im Bau, sie ist neben der Autobahn A 7 das größte Infrastrukturprojekt für die Straßenanbindung des Hafens.

Landseitige Infrastruktur im Hafen 2008: Grüne Trasse für eine umweltschonende Anbindung des Hafens an das Binnenland. Rund 70 Prozent aller Container im Fernverkehr des Hamburger Hinterlands werden mit der Bahn transportiert. Spezielle Containerzüge gehen nach Polen, Tschechien, in die Ukraine und nach Österreich, die Bahntöchter von »HHLA Intermodal« sind daran maßgeblich beteiligt.

Natürlich hat man im Anschluss überlegt, ob man Teile davon nicht auch auf andere Anlagen übertragen kann. Insgesamt hat das wohl gezeigt, wie viel man auf einer gegebenen Fläche abwickeln kann, und das hat die anderen Terminals entsprechend beflügelt. Man muss dabei aber sehen, dass die alten Terminals auf einem gewachsenen Areal entstanden sind und die ganzen Zuführungen deshalb auch nur begrenzt erweitert werden konnten. Mit mancher Umgestaltung, wie zum Beispiel dem Verkehrsanschluss des Burchardkais, können wir erst jetzt, im Zuge seines Ausbaus, beginnen. Es wäre schön gewesen, wenn das schon lange passiert wäre.

Jahrelang haben auch die Zollgrenzen im Hafen ein großes Hindernis dargestellt. Wir haben die Zolldurchgänge ausgebaut, vergrößert und erweitert, aber mit zunehmendem Verkehr wird das trotzdem ein Problem bleiben. Die radikale Aufhebung der Freizone, die aktuell im Gespräch ist, könnte eine durchgreifende Verbesserung bringen, weil der Verkehr dann einfach frei durch den Hafen fließen kann.

Schwindelerregende Dimensionen vermitteln eine Ahnung vom Tiefgang des Schiffes: Bay oder Ladebucht der »MOL Competence«, eines Schiffes der Post-Panamax-Klasse des Jahrgangs 2008.

Was die Elbvertiefung angeht: Ich glaube, dass es gar nicht vorstellbar wäre, so einen Strom sich selbst zu überlassen, der muss immer irgendwie gebunden und gebändigt werden in einer Kulturlandschaft wie bei uns. Aber die Frage ist natürlich, ob man den Fluss so tief halten will, wie wir die Elbe bis Hamburg halten. Natürlich sind es wirtschaftliche Zwänge, die dazu führen. Und die bestehen nicht allein darin, dass Hamburg nun rasend viel Geld verdienen will mit der Abfertigung der großen Schiffe, sondern auch darin, dass in Hamburg und der Umgebung 4,5 Millionen Konsumenten leben. 30 bis 40 Prozent der Container, die nach Hamburg gehen, verbleiben in der Region.

Wenn man jetzt sagen würde, wir knipsen den Hamburger Hafen ab, wir tun mal so, als müsste es ihn nicht unbedingt geben, könnte man diese Mengen auch in Rotterdam, Antwerpen und irgendwann Wilhelmshaven abfertigen. Aber dann müsste man ja zumindest diese 30 bis 40 Prozent irgendwie nach Hamburg karren. Ein Zug hat Platz für 50 oder 70 Container und ein großes Containerschiff hat Platz für 8.000. Wie viel Züge oder LKWs da fahren müssten – das ist eine ziemlich aberwitzige Vorstellung!

Wir haben allerdings nicht nur die wirtschaftliche Brille auf (und das macht es mir ein bisschen leichter, mit diesem Aspekt zurechtzukommen), sondern wir sind im Moment dabei, ein sehr ambitioniertes Konzept zur Stabilisierung und Verbesserung der Verhältnisse in der Tideelbe umzusetzen. Das dient nicht der Schiffbarkeit, die Elbe soll nachhaltig als Fluss funktionieren können, damit sie nicht zu viel Sediment bringt, die Nebenelben nicht verschlicken und sie ihre ökologische Funktion wahrnehmen kann. Da wird im Moment vor allem von HPA viel Pionierarbeit geleistet.

Ein anderes wichtiges und umstrittenes Thema ist die Port Security. Mit den neuen Sicherheitsbestimmungen, dem ISPS Code, habe ich selbst nicht allzu viel zu tun, ich weiß nur, dass inzwischen alle Terminals abgeschottet sind und der Hafen schlecht erlebbar ist seitdem. Man kommt kaum noch irgendwo an die Wasserkante. Diese ganzen Regularien sind auf die Initiative der Amerikaner zurückzuführen. Im Moment gibt es ein weiteres Bemühen der Amerikaner, alle Container, die weltweit auf die USA zu transportiert werden, zu scannen. Das geschieht in speziellen Großröntgenanlagen und ist natürlich ein gigantischer Aufwand. Die Häfen werden sich überlegen müssen, welche Konzepte sie dafür entwickeln können, denn so, wie es jetzt aussieht, werden es am Ende nicht die Amerikaner sein, die Container an ihrer Landesgrenze scannen. Sie verlangen, dass es im Absendehafen geschieht und auf Kosten der Exporteure. Das ist natürlich schon eine markante Forderung.

SEIN FELD IST DIE WELT:
Adolf Adrion von Hapag-Lloyd

DER HAUPTSITZ DER HAPAG-LLOYD-REEDEREI ist ein imposantes Gebäude am Ballindamm. Von Albert Ballin, dem legendären Generaldirektor der Hamburg-Amerikanischen Packetfahrt-Actien-Gesellschaft und »Reeder des Kaisers«, stammt der Ausspruch: Mein Feld ist die Welt. Dabei liegt der Ballindamm nicht am Hafen, sondern an der Binnenalster. Unter wasserbaulichen Gesichtspunkten ist das zwar nicht mehr als ein aufgestauter kleiner See, doch immerhin ein weltberühmter. Malerisch umrahmt von den Prachtbauten Hamburgs, scheint dies ein gebührender Ankerplatz für die fünftgrößte Reederei der Welt zu sein.

In der Eingangshalle steht das tonnenschwere Modell eines Containerschiffes der Post-Panamax-Klasse und einige Schritte weiter ist eine alte Galionsfigur aufgestellt: ein Pirat mit blankgezogenem Säbel. Es zeugt schon von Humor, wenn sich ehrbare Kaufleute einen Räuber ins eigene Haus stellen.

Später erfährt der Besucher von Hapag-Lloyd-Vorstand Adolf Adrion, dass sich niemand mehr daran erinnern kann, von welchem Schiff diese Galionsfigur stammt. Zu lange war sie auf dem Dachboden weggeschlossen. Anders als die Flotten der beiden Muttergesellschaften Hapag und Norddeutscher Lloyd haben die Zentralen in Hamburg und Bremen die Weltkriege unversehrt überstanden. Im Lauf von eineinhalb Jahrhunderten hat sich dort ein reicher Fundus an Kunstwerken angesammelt. »Das ganze Haus steckt voller Antiquitäten«, sagt Adrion zufrieden. »Privat habe ich nicht so viele Andenken an meine Reisen hinterlassen, ich war eher schreibfaul, und es war vielleicht eine Postkarte pro Fahrt, die ich nach Hause geschickt habe.«

Der Besucher kommt zu einem günstigen Zeitpunkt ins Haus. Der Verkauf von Hapag-Lloyd an eine Hamburger Bietergruppe unter Führung des Logistikunternehmers Michael Kühne ist in trockenen Tüchern. Das scheint ganz in Adrions Sinn zu sein. »Sie sehen mich entspannt wie lange nicht mehr«, sagt er im vierten Stock der Reedereizentrale. Ein Verkauf an Neptun Orient Lines (NOL) in Singapur hätte enorme Arbeitsplatzverluste mit sich gebracht. Es geht schließlich bei einem *Take-over* im Kern um Rationalisierung und die Verwirklichung von Synergien. Adrion: »Wir besitzen ja Erfahrung mit Übernahmen. Schließlich haben wir vor zwei Jahren selber Canadian Pacific (CP) aufgekauft.«

Umschlag eines Hapag-Lloyd-Containers am HHLA Container Terminal Altenwerder. Die Reederei ist zu einem Viertel am CTA beteiligt.

WIE HAPAG-LLOYD ENTSTANDEN IST? Bis 1970 waren die Hapag und der Norddeutsche Lloyd noch Konkurrenten. Wir fuhren parallele Liniendienste, teils in der Passagierschifffahrt, früher auch mit den Auswanderern, und teils in der Frachtschifffahrt. Gleichzeitig waren wir aber auch Partner, einige Gemeinschaftsdienste gab es schon vor dem Zweiten Weltkrieg. Damals haben wir die Welt so ein bisschen aufgeteilt. Der Norddeutsche Lloyd fuhr nach Brasilien und zur Südamerika-Ostküste am La Plata, die Hapag zur Südamerika-Westküste und nach Indonesien. Gemeinsam bedienten wir allerdings die USA und Fernost.

Die Wirtschaftlichkeit ließ für beide Reedereien in den sechziger Jahren zu wünschen übrig. Zugleich waren sich die Unternehmen spätestens 1970 im Klaren darüber, dass dem Container die Zukunft gehören würde. Da haben sich die Bremer und Hamburger entschlossen zu fusionieren, und zwar in einem *Fifty-Fifty-Merger* unter Gleichen, um das Investitionsvolumen für die einzelne Reederei im Rahmen zu halten. Das war eine rein wirtschaftliche Notwendigkeit. Im Fahrtgebiet Nordatlantik, mit dem wir den gemeinsamen Containerdienst begannen, brauchen Sie zum Beispiel vier Schiffe, um wöchentliche Abfahrten aus einem Hafen wie Hamburg zu gewährleisten. Über die Fusion konnten demnach zwei der neuen Containerschiffe von der Hapag und zwei vom Lloyd kommen. Im Fahrtgebiet Fernost brauchen Sie dann bereits sieben Schiffe, um einen wöchentlichen Dienst zu garantieren.

Weil der Containerbetrieb ein kompletter Neubeginn war, musste nicht nur in die Schiffe investiert werden, sondern man hatte gleichzeitig noch die Container zu kaufen. Wenn Sie bedenken, ein 3.000-TEU-Schiff kostete damals 50 bis 60 Millionen Mark und die Container zusätzlich noch einmal 100 Millionen – das war nicht ganz unerheblich.

Die ersten Boxen, die wir gebaut haben, waren Plywood-Container, also aus Sperrholz. Die waren plastikbeschichtet, mehrfach geleimt und wogen 3.000 Kilo, waren also sehr schwer. Vier, fünf Jahre sind wir nur mit Sperrholzcontainern gefahren. Wir wollten etwas Dauerhaftes haben. Stahlcontainer rosteten anfangs zu schnell, aber unsere Plywood-Boxen können Sie mancherorts heute noch als Pferdeställe auf dem Land wiederfinden. Mittlerweile baut keiner mehr Container aus irgendwelchen anderen Materialien als Stahl. Die Haltbarkeit von Stahlcontainern hat sich dabei von fünf auf zehn bis zwölf Jahre erhöht. Der Bedarf war enorm, und was wir nicht kaufen konnten, haben wir geleast. Damals gab es ein geflügeltes Wort in der Branche: »*Short term lease* bei der Hapag ist *forever.*«

Dreizehn Jahre lang bin ich zur See gefahren. Dabei habe ich alle Stationen durchlaufen, vom Schiffsjungen bis zum Kapitän. 1969 bin ich dann ausgestiegen und an Land gegangen. Zu dieser Zeit hatte ich mir bereits als Ladungsoffizier einen Namen

Die »Hapag-Lloyd Colombo Express« wird beim Manövrieren in der Elbe von Schleppern unterstützt. Sie gehört zu den seinerzeit größten Containerschiffen der Welt und fasst 8.750 Standardcontainer.

gemacht, weil ich den Leuten im Reedereibüro beim Aushandeln der Stauereiverträge geholfen habe. Ich wusste, wo man drauf achten muss und wo wir über den Tisch gezogen werden könnten. Für die Zusammenarbeit von Reedereien und Umschlagbetrieben habe ich mich mein ganzes Leben lang interessiert. In der ersten Zeit an Land wurde ich also vorübergehend Stauberater.

Ich bin zwar ein Hapag-Mann, aber beworben habe ich mich damals zunächst beim Norddeutschen Lloyd. Von dort wurde mir allerdings mitgeteilt, man habe genügend qualifizierte Bewerber aus Bremen und brauche nicht auf Einstellungen von Hamburgern zurückzugreifen. Den Brief besitze ich heute noch. Schön und gut, wie sich bald zeigen sollte, sind wir auf Umwegen dennoch zusammengekommen.

Als wir bei der Hapag und dem Norddeutschen Lloyd mit den Containerschiffen anfingen und die Fusion kam, hat mich der Vorstand gefragt, ob ich nicht diese Pionierarbeit aus der Praxis mit begleiten möchte. In den Büros hatten wir zu Beginn riesige Steckboards für die Container, die ganzen Wände waren voll damit. Für jeden einzelnen Container wurde eine Karte geschrieben. Den Computer haben wir in den Anfängen noch nicht eingesetzt. Ich wurde dann sehr schnell Leiter des Bereichs Containerservices und dort haben wir endlich die ersten EDV-Programme gestaltet, in denen ganz primitiv Laden und Löschen mit der Containernummer verbunden wurde. Wir wollten unbedingt diese Tapeten von Steckboards in den Büros loswerden.

Mit dem Container hat sich unglaublich viel verändert in der ganzen Schifffahrt. Auch die Terminals wuchsen langsam an Größe und Umschlagvolumen, die Haftungsbedingungen wurden geändert und die Palette der Umschlaggebühren. Wir hatten

Container Terminal Altenwerder heute:
Sinfonie von Technik und Ästhetik

zuvor ganz andere Tarife gehabt, Tonnentarife oder Kubikmetertarife, und nun bekamen wir plötzlich Boxentarife. Das musste alles gestaltet werden und bedeutete echte Pionierarbeit.

Ich denke, bis das richtig funktionierte, hat es volle zehn Jahre gedauert. Jedes Jahr haben wir neue Fahrtgebiete containerisiert. Ich bin durch die gesamte Karibik gedüst, um festzustellen, in welche Häfen wir überhaupt mit einem Containerschiff einlaufen können. Da hat es den Reedereien natürlich an nautischen Experten gemangelt, die ihre Kenntnisse aus der Seefahrt in diese Arbeit einbringen konnten. Ich habe das gerne gemacht, weil ich immer für Neues aufgeschlossen war.

Das war dermaßen spannend hier, und ich bin dann auch auf der Karriereleiter beständig eine Sprosse höher gekommen. Zuerst hatte ich bei Hapag-Lloyd das Image, ich dürfe nicht mit Kunden reden, weil ich zu hart verhandelt habe, und nachher war ich für den Vertrieb in ganz Europa zuständig. So hat sich das dann ein bisschen gewandelt.

Aber zur See bin ich nie wieder gefahren. Möchte ich auch nicht mehr. Wenn Schluss ist, ist Schluss und dann widme ich mich anderen Dingen.

Heute kommen 70 Prozent des gesamten Fernostexports aus China. Die anderen Länder wie Japan und Korea teilen sich die restlichen 30 Prozent. In China beschäftigt Hapag-Lloyd dreihundert Mitarbeiter, die Ladung für unsere Schiffe akquirieren. Leiter der Organisation ist zurzeit ein Australier, aber alle anderen Mitarbeiter sind Chinesen. Deutsch können sie nicht, das ist auch nicht notwendig. Die Kommunikation vor Ort mit dem Kunden oder mit dem Terminal Operator wird natürlich in der Landessprache abgewickelt, aber die weltweite Handelssprache ist Englisch. Wenn Sie etwas schriftlich festhalten, Verträge oder auch die ganze Ladungsabwicklung über die EDV, das geht alles auf Englisch. Selbst in Lateinamerika.

Was den Verkauf der Hapag-Lloyd betrifft: Wären wir nach Singapur verkauft worden, wäre sehr offengeblieben, ob das der Hamburger Wirtschaft gutgetan hätte. Wir wissen ja, wie es zugeht bei Übernahmen. Wenn man zwei gleich große Firmen zusammenpackt, ist natürlich Potenzial für eine Rationalisierung da, und das heißt, es kostet Mitarbeiter. Hier in Hamburg hätte das mindestens 700 bis 1.000 Arbeitsplätze gekostet. Außerdem profitiert die Hamburger Wirtschaft nicht nur von den Arbeitsplätzen in unserem Unternehmen, sondern auch von den Aktivitäten im Hafen und den Dienstleistern für Containerreparatur und Ähnliches. Die Hafenwirtschaft wäre ins Risiko gegangen. Da hängt eine Menge dran, was nicht auf den ersten Blick überschaubar ist. Das wäre dann zumindest gefährdet gewesen, denn die Singapurer Reeder hätten ihre Frachtdienste auch nach Bremerhaven schicken können oder nach Wilhelmshaven, wenn es mal fertig ist.

Hier ging es aber auch noch um etwas anderes, um eine strategische Ausrichtung. Ich persönlich bin der Meinung: Wir sind ein Exportland und da braucht man schon deutsche Seeschifffahrt. Gott sei Dank sieht unsere Regierung das ebenso. Jetzt können wir uns hier weiterentwickeln mithilfe der Hamburger Investorengruppe.

Mit der HHLA haben wir in dieser gesamten Zeit der Containerisierung des Seeverkehrs einen sehr partnerschaftlichen Umgang gepflegt. Das war ein *Give and Take*. Wenn der Terminal einmal nicht nach Plan mit dem Umschlag fertig wurde, haben wir das einvernehmlich geregelt. Vertragsstrafen gab es nie. Wir von der Reedereiseite halten ja unter Umständen auch mal den Fahrplan nicht ein. Diese Dinge muss man unter der Perspektive einer langfristigen Zusammenarbeit betrachten, und Partnerschaft bedeutet in meinen Augen kein Verhältnis, wo einer den anderen Partner »schafft«.

Vor Ort habe ich im Besonderen mit Herrn Drossel zusammengearbeitet. 1970 war er auf dem Terminal Burchardkai, und ich machte hier am Ballindamm Terminal Operation von der Reedereiseite aus. Der Umschlag über die Terminals wird in einem entsprechenden Vertrag zwischen Reeder und HHLA geregelt. Die wichtigsten Punkte darin sind die Umschlagrate, die Auslieferrate und die Haftungsbedingungen. Diese Verträge haben wir gemeinsam gemacht, Herr Drossel und ich. Bis vorgestern. Wir haben noch einen Dreijahresvertrag geschlossen und dann haben wir gesagt, jetzt lass uns mal beide in Rente gehen.

In all den Jahren fand ein regelmäßiger Austausch zwischen ihm und mir statt. Er hat uns über die Ausbaupläne des Containerumschlags informiert und wir haben ihm mitgeteilt, was wir so vorhaben, welche neuen Dienste wir noch eröffnen wollten. Wir haben mehrmals im Jahr eine Tasse Kaffee zusammen getrunken oder uns auch mal hier im Casino zum Essen getroffen. Es war eine unglaublich gute und sehr offene Zusammenarbeit. Wir sind fast befreundet. Wenn wir pensioniert sind, werden wir gemeinsam zum Fußball gehen – wir sind nämlich beide HSV-Fans.

Die Deutsche Nationalbibliothek verzeichnet diese Publikation in der Deutschen Nationalbibliografie;
detaillierte bibliografische Daten sind im Internet unter http://dnb.ddb.de abrufbar.

1. Auflage 2009
© 2009 by mareverlag, Hamburg

Lektorat: Anne Nordmann
Gestaltung und Satz: Veronika Grigkar (grigkar.de)
Bildnachweis:
Titelmotiv © Engel & Gielen, Hamburg
S. 10, 11, 31, 47, 48, 49, 81, 102, 118, 123 © Reimer Eilers, Hamburg
S. 27 © Getty Images, München
S. 114 © Projektbüro Fahrrinnenanpassungen, Hamburg
Alle anderen Bilder © HHLA, Hamburg
Schrift: ITC Weidemann
Reproduktion: Frische Grafik, Hamburg
Druck und Bindung: LangebartelsDruck, Hamburg
Printed in Germany
ISBN 978-3-86648-104-6